고등학교 2학년

고등학교

인성 2

윤문원 지음

씽크파워
THINK POWER

이 책의 구성과 활용

구성

3장으로 구성하여 1장은 주요 인성덕목(자율, 자기관리)이며, 2장은 인성교육진흥법에서 명시하고 있는 8대 인성덕목(예(禮), 효(孝), 정직, 책임, 존중, 배려, 소통, 협동)이며 3장은 예방 교육(학교폭력 예방, 자살 예방)입니다.

교과목과 연계

인성을 별도의 내용이 아니라 생활과 윤리, 윤리와 사상, 사회, 국어 등 교과목과 연계하였습니다.

학습 목표

각 인성덕목에서 익혀야 할 주요 주제를 제시하였습니다.

스토리텔링

자칫 딱딱하기 쉬운 인성교육 내용을 재미있는 이야기를 통해 습득할 수 있습니다. 특히 많은 위인들의 이야기를 실어 이들의 삶을 본받을 수 있도록 하였습니다.

삽화, 사진, 명화

내용을 이해하기 쉽도록 삽화와 사진, 명화를 풍부하게 실었습니다.

명언

내용에 걸맞은 위인들의 명언을 통해 쉽게 이해할 수 있습니다. 아울러 명언을 한 인물을 소개하였습니다.

편지

인성덕목을 익히게 함에 있어서 주입식이 아니라 대화 형식의 서간체 편지를 실었습니다.

시

해당 인성덕목과 관련 있는 시를 실어 흥미를 느낄 수 있습니다.

책 읽기

각 인성덕목의 내용과 관련 있는 책의 문장을 실었습니다.

읽기 자료

해당 인성덕목과 관련 있는 내용의 읽기 자료를 첨부하였습니다.

논술 자료

해당 인성덕목과 관련 있으며 대입 논술에 자주 출제되는 논술 주제와 예시 답안을 제시하였습니다.

실천하기

각 인성덕목을 생활에서 실천할 수 있는 내용을 열거하였습니다.

정리하기

각 인성덕목의 주요 내용을 요약하여 정리하였습니다.

확인하기

각 인성덕목의 내용을 문제를 통해 익힐 수 있습니다.

올바른 인성을 익히는 것은 인격과 직결되는 일이므로 매우 중요합니다.
이 책이 좋은 인성을 형성하는 데 도움이 되기를 바랍니다.

차례

PART 01 주요 인성덕목

1 자율 8
2 자기관리 18

PART 02 8대 인성덕목

1 예(禮) 30
2 효(孝) 39
3 정직 55
4 책임 67
5 존중 80
6 배려 89
7 소통 100
8 협동 114

PART 03

예방 교육

1 학교폭력 예방 124

2 자살 예방 131

PART

01

주요 인성덕목

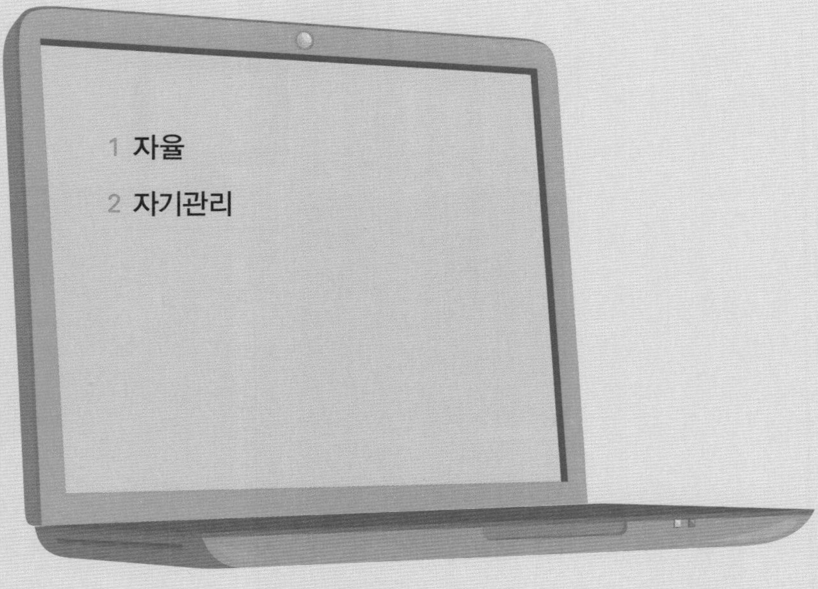

1 자율

학습목표
- 자율의 의미를 이해하고 자율성의 조건을 설명할 수 있다.
- 자율의 반대 개념인 타율과의 조화를 이루는 방법을 제시할 수 있다.

자율성의 의미

자율은 자주성을 가지고 자기 생각이나 의지에 따라 해야 할 일을 스스로 찾아서 행동하고 실천하는 것이다. 스스로 선택하고 결정하는 것으로 자유 의지를 갖추고 자신의 능력으로 어떤 일을 이루고자 함이다.

인간은 이성적 판단에 따라 자신의 행동을 선택할 수 있는 자율적 존재이다. 개인은 자신이 결정하는 자율성을 보장받을 때 적극적인 자세를 취하게 된다. 그러한 자세로 각 개인이 여러 공동체 활동에 참여할 때 공동체는 더욱 활발하고 진취적인 방향으로 나아갈 수 있다. 각 개인의 자율성 총합이 공동체 발전의 원동력이 되는 것이다.

애덤 스미스(Adam Smith, 1723~1790) 스코틀랜드 출신의 정치·경제학자이자 윤리철학자. 고전경제학의 대표적인 이론가로 자본주의와 자유무역에 대한 이론적 심화를 제공했음. 저서로 ≪도덕 감정론≫ ≪국부론≫이 있음.

애덤 스미스의 주장

자율성의 필요성을 주장한 대표적인 예로 애덤 스미스의 자유방임주의를 들 수 있다. 그는 사회를 구성하는 각 개인은 서로 자신의 이익을 추구하는 경쟁 관계 속에 있다고 했다. 이 속에서 사회는 경제적으로 점차 풍요로워지고, 또한 각자의 이익을 위한 교류를 통해 문화적으로도 진보의 길을 걷게 된다는 것이다.

스스로 편리하게 살고자 하는 각 개인의 노력이 우리 사회를 첨단 사회로 발전시켰다. 이는 누구의 강요도 아닌 개인의 자율 의지가 탄생시킨 열매이다.

자율성의 조건 : 자기이해

톨스토이 어록

> 우리는 많은 것을 알고 있고 매 순간 많은 일을 하고 있지만 가장 중요한 것을 빠뜨렸다. 우리는 쓸모없는 것은 너무도 많이 알고 있지만 정작 가장 중요한 우리 자신은 알지 못한다. 우리 안에 사는 영혼을 기억할 수만 있다면 우리의 삶은 완전히 달라질 것이다.

톨스토이(Tolstoy, 1828~1910)
러시아의 소설가 · 사상가. 저서로 ≪전쟁과 평화≫ ≪부활≫ ≪안나 카레니나≫ 등이 있음.

자기 자신을 아는 것에서부터 출발해야 한다. 자신을 객관적으로 인식함으로써 자신이 진정으로 좋아하는 일을 선택하고 최선을 다해 능력을 발휘해야 한다. 그래야 그 과정에서 삶의 보람과 즐거움을 얻을 수 있으며 나아가 공동체에 이바지하는 삶으로 이어질 수 있다. 개인적 존재로서의 자아와 사회적 존재로서의 자아가 조화를 이루어야 한다.

자아 발견을 위해서는 다른 사람에게는 없는 자신만의 독특한 특성이 무엇인지 찾으려고 노력해야 한다. 이를 통해 자신의 소망, 가치관, 능력 등을 발견하고 자신을 보다 명확하게 이해함으로써 자신에 대한 정체성을 확립해야 한다.

자신을 아는 일이 가장 어렵다. 자신을 알기 전에는 자신의 주인이 될 수 없으므로 자신을 철저히 알아야 한다. 자신을 알기 위해서는 내적 성찰에 귀를 기울여야 한다. 스스로 자기를 돌이켜보아야 하며 남이 평한 것을 들어보고 자신을 객관적으로 평가해야 한다.

꿈을 실현하기 위해서는 자신이 어떤 면에서 뛰어난지 분별력을 가져야 한다. 어떤 일에 탁월함을 보이는 사람은 자신의 재능을 알고 발휘하고 있다. 많은 사람은 자신의 타고난 능력을 내버려두어 재능을 살리지 못하고 탁월함을 발휘하지 못한다. 자신의 재능을 알게 되면 발휘하고 더욱 육성하고 보완해야 한다. 나아가 자신을 비판의 대상으로 삼을 줄 알아야 한다. 대부분 뛰어난 장점에 맞먹는 결점을 가지고 있다. 자신의 주요 결점을 확실하게 알고 고쳐 나가야 한다.

자율성의 조건 : 자기 존중

빌 게이츠 어록

> 세상 누구와도 자신을 비교하지 말라. 다른 사람과 자기를 비교하는 것은 스스로를 모욕하는 것이다.

빌 게이츠(Bill Gates, 1955~)
마이크로소프트를 창립하여 회장 역임. 세계 최고의 부자로 최대의 자선단체 운영.

자신을 긍정적으로 바라보면서 자신을 소중하게 여겨야 한다. 자신을 이해하고 믿고 사랑하는 마음인 자긍심을 가져야 한다. 자긍심은 자신의 현재 모습과 가치를 인정하여 어떤 일을 해낼 수 있는 유능한 존재로 여기는 것이다. 자신에 대한 존중과 사랑은 '나는 너보다 낫다'가 아니라 '나는 나로서 좋다'는 생각이며 자신에 대한 믿음과 자기 긍정, 자기 존중, 책임감을 포함한다.

누구나 세상에 하나밖에 없는 경이로운 존재다. 누구도 똑같이 생긴 사람은 없으며 똑같은 생각이나 아이디어, 일 처리 방식을 가지고 있지 않다. 명품은 비교할 수 없으므로 명품이다. 다른 사람과 비교하지 말고 자신을 있는 그대로 받아들이고 자신만의 가치를 찾아야 한다. 자신이 특별하고 유일하고 존경받을 만한 존재로 여겨야 한다.

자긍심은 자신을 바라보는 자기 이미지의 문제다. 자기 이미지는 자신이 오랫동안 만들어 온 자신에 대한 생각들로 구성된 것이다. 적극적이고 생기 넘치는 생각으로 밝고 건전한 자기 이미지를 가지도록 노력해야 지율성이 발휘된다.

자율성의 조건 : 자기 결정

찰스 두히그 어록

> 인간은 자신이 통제권을 쥐고 있다고 생각할 때 더 열심히 일하고 노력하는 성향이 있다. 자신감이 더 강해지고 역경도 더 빠른 속도로 이겨낸다. 자신을 통제한다고 믿는 사람이 그렇지 않은 사람보다 장수할 확률도 훨씬 높다.

찰스 두히그(Charles Duhigg, 1974~)
미국의 기자, 작가

주도적으로 자기 일을 처리하고 행동할 수 있어야 한다. 중요하거나 작은 일에까지 매 순간마다 선택해야 한다. 자신이 무엇을 할 것인가를 스스로 결정하는 것은 자신의 삶을 충실히 할 수 있는 조건이다.

자율성을 가지려면 뚜렷한 주관과 강한 추진력, 그리고 명철한 생각을 하고 행동과 일치해야 한다. 만약 이 중에서 하나라도 빠져있거나 일관성이 없다면 자율성을 가질 수 없고, 가지고 있다고 하더라도 제대로 발휘할 수 없다.

자율성과 타율성의 조화

니체 어록

우리가 남의 평가에 민감한 것은 우리 안에 존재하는 노예근성 때문이다. 고대 노예제 사회에서 노예는 자기 자신을 주체적으로 평가하지 못했다. 노예를 평가할 수 있는 사람은 어디까지나 주인뿐이기 때문이다. 노예는 주인이 잘했다고 칭찬하면 기뻐하고 못했다고 지적하면 슬퍼한다.

니체(Friedrich Nietzsche, 1844~1900)
독일의 철학자이자 시인. 저서로 ≪자라투스트라는 이렇게 말했다≫ 등이 있음.

현대 사회에서 진정한 자유는 법과 규범의 한도 내에서의 자율성의 발휘이다. 현대 사회는 개인의 자율성을 최대한 존중해 주어 사회 전체의 발전을 끌어낸다. 그러나 개인에게 무작정 자율성을 허용해 주는 것이 아니라 법이나 제도를 통해 개인이 자율성을 발휘할 수 있는 범위를 제한하기도 한다. 이처럼 현대 사회에는 자율성과 타율성이 동시에 작동하고 있다.

현대 사회의 발전이 인간의 자율성에만 기인한다고 볼 수는 없다. 인간의 자율성의 과도한 표출은 각 개인의 욕구가 어긋나 갈등을 일으키기 마련이다. 이와 같은 갈등이 원만히 자율적으로 해결된다면 사회 안정을 기할 수 있겠지만, 그렇지 못할 경우 사회는 불안정 속에 발전의 속도는 뒷걸음칠 수밖에 없다.

개인의 욕구가 난무하여 사회가 어지럽혀지는 것을 막기 위해 법과 규범을 통하여 타율적인 제재를 가하고 있는데, 법과 규범을 준수해야 하는 타율성은 사회의 안정과 발전에 커다란 몫을 해내고 있다.

타율성은 제한 없는 자율성의 한계를 극복하게 해준다. 법에 규정된 규범을 지켜야 함은 타율에 의한 것이기는 하지만 모두가 이를 지키지 않을 때 공동체가 정상적으로 운영되어 나갈 수 없다.

개인의 자율성 없이 공동체가 나아갈 수 없고, 공동체가 요구하는 타율성 없이 공동체가 안정될 수 없다. 공동체가 발전하는 것은 안정의 토대 위에 나아가고자 힘쓰기 때문이다. 이는 공동체의 안정 속에 개인의 자율 의지가 성취될 수 있음을 의미한다. 그러므로 자율성과 타율성의 조화를 통하여 사회 발전을 이루어 나가는 개방적인 자세를 견지해야 한다.

자율을 실천하는 방법

- 뚜렷한 주관과 명철한 사고와 추진력으로 자율성을 가지고 살아간다.
- 주체적인 의사 결정을 한다.
- 자율적인 자세로 신중하게 선택하고 그 선택에 책임진다.
- 올바르지 못한 관습이나 잘못된 의견에 당당하게 맞선다.
- 내가 원하지 않음에도 강요나 분위기 때문에 타율적인 행동을 하지 않는다.
- 다른 사람의 의견이나 관습을 생각 없이 받아들이지 않는다.
- 합리적인 타율성의 경우에 자율성과 조화를 이루며 살아간다.

책 읽기

≪자유론≫

(존 스튜어트 밀)

≪자유론 On Liberty≫
(1859)

공동체와 개인이 오직 제각기 관계되어 있는 부분만을 취득한다면, 양자는 다 같이 자기의 정당한 몫을 받게 될 것이다. 인간의 삶에서 이해 당사자가 개인으로 되어 있는 부분은 개인에게 귀속되어야 할 것이며, 공동체로 되어 있는 부분은 공동체에 귀속되어야 할 것이다.

공동체는 계약으로 만들어지는 것이 아니다. 공동체에 대한 의무의 근거로서 계약 이론을 제시하더라도 별로 유효한 것이 아니다. 무릇 공동체에 소속되어 보호를 받는 개인은 누구나 그에 따른 의무가 있다. 공동체의 구성원이라는 사실 자체만으로도 개인들 각자는 어떤 일정한 행위의 원칙을 준수해야만 한다.

이러한 행위는 첫째, 상호 간에 이익을 해치지 않는 행위이다. 바꾸어 말하면 법률의 명문이나 관습이나 상식에 의해서 당연히 보호되어야 할 권리를 해치지 않는 행위라 할 수 있다. 둘째, 공동체나 그 구성원인 개인을 위험이나 간섭으로부터 방어해 주는 데 필요한 노동과 희생을 각자의 몫만큼 부담하는 행위이다. 이러한 의무의 이행을 거부하는 개인에 대해서는 공동체는 마땅히 수행을 강제해야 한다.

공동체에 허용되는 것은 이것만이 아니라 개인의 행위가 법으로 정해진 다른 사람의 권리를 침해하는 정도에까지 이르지 않더라도, 다른 사람들에게 해를 끼치거나 다른 사람의 행복에 방해를 하는 경우이다. 이러한 반칙을 한 개인에 대하여는 법률에 의하지 않더라도 여론에 의해서 당연히 제재를 받아야 할 것이다. 어떤 사람의 행위 중에 어떤 부분이 다른 사람의 이익에 해로운 영향을 미치게 되면, 공동체는 법률로써 이와 같은 행위를 제재할 수 있는 권리를 가지게 된다. 그러나 어떤 사람의 행위가, 그 자신을 제외한 다른 사람들의 이익에 아무런 영향도 미치지 않거나, 다른 사람들이 원하지 않는 한 그들의 이익에 간섭할 필요가 없는 경우에는 공동체의 간섭이라는 문제는 거론될 필요가 없으며 무엇이든지 할 수 있다. 행위의 결과에 대해서 책임을 지는 완전한 자유가 법적으로나 사회적으로 존재하지 않으면 안 된다.

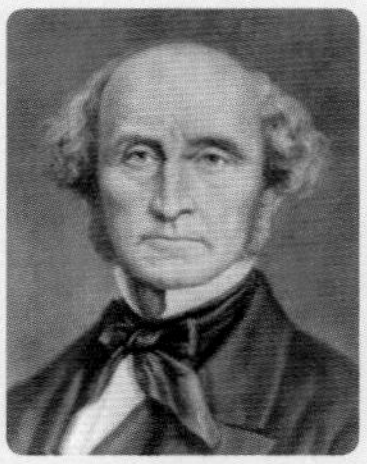

사람들 각자가 준수해야만 하는 행위의 원칙을 제시하면서 이러한 행위를 거부하는 사람들에 대해서 사회가 개인의 자유를 제한할 수 있는 근거를 다루고 있다.

존 스튜어트 밀(John Stuart Mill, 1806~1873)
영국의 철학자·경제학자. 자유주의적 정치경제 사상을 펼쳤음.

- 사람들 각자가 준수해야만 하는 행위의 원칙은 무엇인가?

논술 교실

자율과 타인의 시선

[예시 답안]

'인간은 사회적 동물이다'라는 정의에서 보듯이 인간은 타인과의 관계를 맺으며 살아가는 존재이다. 따라서 인간이 타인의 시선을 의식하고 영향을 받는 것은 당연한 일이다. 하지만 타인의 시선을 지나치게 의식하여 자기 존재에 대한 인식이 없어진다면 그 삶은 무의미할 것이다. 왜냐하면, 타인의 시선에 의해 만들어진 행동은 한시적이고 가식적인 행동일 뿐이므로 진정한 의미에서 자율적인 행동이 아니기 때문이다. 그렇다면 사회적 삶 속에서 개인과 타인의 관계는 어떻게 형성되어야 하는가?

개성이 중시되는 현대 사회에서 자아의 정체성 확보는 자기 삶의 주체성을 실현하는 기초가 된다. 반면에 성공이라는 사회적 삶의 가치를 실현하기 위해 타인의 시선을 의식하면서 좋은 '평판'을 얻으려는 행동 양식이 있다. 하지만 타인을 의식하되 그 관계가 위선적인 것이라면 건강한 행동 양식이라고 볼 수 없다. 따라서 자율성을 가지고 타인과의 관계를 형성해야 한다.

사회라는 틀이 존재하지 않는다면 개인의 삶이 유지되지 않는다. 개인이 안하무인으로 제한 없는 자율의 태도를 보인다면 사회의 통일성을 무너뜨리게 된다. 사회는 자기의 내적 통일성을 유지하기 위해 통제 메커니즘을 이용해서 개인을 통제한다. 개인은 이런 통제를 수용하여 타인과의 관계를 맺고 사회를 유지 발전시켜 나간다.

행복은 그 누구의 시선이나 외적 조건보다 궁극적으로 스스로에 대한 만족감에서 온다는 점에서 타인의 시선을 지나치게 의식하는 태도는 바람직하지 않다. 나의 특성에 맞게 살지 못하고 타인의 기준에 맞추어 살게 되면 진정으로 만족하는 삶을 살기 어렵다.

인간은 사회적 존재이므로 타인을 의식하고 타인과의 관계를 형성하면서 살아가야 하지만 궁극적으로는 자아의 정체성에 맞는 행동을 추구해야 한다. 즉 타인과의 건전한 관계를 형성하면서 '자아 정체성'을 가진 행동을 해야 한다. 이것이 '개인과 타인'이 모두 행복한 바람직한 사회상이라 할 것이다.

정리하기

- 자율은 자주성을 가지고 자기 생각이나 의지에 따라 해야 할 일을 스스로 찾아서 행동하고 실천하는 것이다.
- 개인은 자신이 자신을 결정하는 자율성을 보장받을 때 적극적인 자세를 취하게 된다.
- 각 개인의 자율성 총합이 공동체 발전의 원동력이 되는 것이다.
- 자기 자신을 아는 것에서부터 출발해야 한다.
- 자아 발견을 위해서는 자신만의 독특한 특성을 찾으려고 노력해야 한다.
- 자신이 어떤 면에서 뛰어난지 분별력을 가져야 한다.
- 자신의 주요 결점을 확실하게 알고 고쳐 나가야 한다.
- 자율성의 조건은 자기 존중과 자기 결정 능력이다.
- 자신을 긍정적으로 바라보면서 자신을 소중하게 여겨야 한다.
- 주도적으로 자기 일을 처리하고 행동할 수 있어야 한다.
- 자율성을 가지려면 뚜렷한 주관과 강한 추진력, 그리고 명철한 생각을 하고 행동과 일치해야 한다.
- 진정한 자유는 법과 규범의 한도 내에서의 자율성의 발휘이다.
- 법이나 제도를 통해 개인이 자율성을 발휘할 수 있는 범위를 제한하기도 한다.
- 법과 규범을 준수해야 하는 타율성은 사회의 안정과 발전에 커다란 몫을 해내고 있다.
- 자율성과 타율성의 조화를 통하여 사회 발전을 이루어나가는 개방적인 자세를 견지해야 한다.

확인하기

1 자율성의 관점에서 애덤 스미스가 주장한 자유방임주의에 대해 서술하시오.

2 자기 자신을 알아야 하는 이유는 무엇인가요?

3 삶을 살아가는 데 있어서 자긍심은 어떤 의미가 있나요?

4 자율성과 자기 결정력은 어떤 상관관계가 있나요?

5 자율성을 어떻게 타율성과 조화를 이루어야 할까요?

6 자율성을 실천하는 방법을 적어 보세요.

정답 1~6. 각자 작성

2 자기관리

학습목표
- 자기관리의 중요성을 인식하고 실천 과제를 열거할 수 있다.
- 순간관리의 중요성을 인식하고 실천 방법을 열거할 수 있다.

자기관리 필요성

≪채근담≫ 중에서

간장에 병이 들면 눈이 보이지 않게 되고, 신장에 병이 들면 귀가 들리지 않게 된다. 병은 남이 보지 못하는 곳에서 생기지만, 남들이 볼 수 있는 곳에서 드러난다. 그러므로 군자는 밝은 곳에서 죄를 얻지 않으려면, 먼저 어두운 곳에서 죄를 짓지 말아야 한다.

≪채근담 菜根譚≫
1644년경 중국 명나라 때 홍응명(洪應明)이 만든 처세에 관한 책. 359개의 단문으로 구성되어 있음.

홀로 있을 때조차 신중한 자세로 삼갈 줄 아는 신독(愼獨)의 자기관리가 중요하다. 유교에서는 자기관리를 위해 '경(敬)'을 강조했다. 경은 경건한 자세로 마음을 한 곳에 집중하여 바람직하지 않은 욕망이 마음에 자리 잡지 않도록 하는 것이다. 이러한 '경'을 통해서 한순간도 방심하지 않고 흔들리지 않는 바른 마음가짐을 가져야 옳은 행동을 할 수 있다.

남을 의식해서가 아니라 항상 의(義)를 염두에 두고 두려워할 외(畏)를 마음에 새겨 스스로 삼가야 한다. 자신에게 엄격해야 문제를 일으키지 않아 명성을 잃지 않고 개인의 발전을 가져오고 사회가 성숙해진다.

자기관리 방법

노자 어록

노자(老子, BC 6세기경)
중국 제자백가 가운데 하나인 도가(道家)의 창시자.

누군가를 정복할 수 있는 사람은 강한 사람이지만, 자신을 정복할 수 있는 사람은 위대한 사람이다.

자신을 이기는 사람이 진정으로 강한 사람이다. '대인춘풍 지기추상 (待人春風 持己秋霜)'이라는 말도 '남을 대할 때는 봄바람처럼, 자신을 대할 때는 가을 서리처럼' 하라는 뜻이다.

타인보다 자신에 대한 잣대를 보다 더 엄격하게 적용해야 한다. 자신에게 엄격함을 유지하려면 '교만하거나 자만하거나 방만하지는 않았는지?', '비겁한 행동은 없었는지?', '이기적인 언동은 없었는지?' '남을 불쾌하게 하지는 않았는지?' 등을 수시로 뒤돌아보아야 한다. 반성하는 삶을 살면서 인간으로서 바른길을 가야 한다.

자신을 다스리려면 자신을 객관적으로 평가할 수 있어야 한다. 자신에 대한 분별력을 발휘하여 자신을 돌이켜보며 남이 평한 것을 들어보고 나아가 자신을 비판의 대상으로 삼을 줄 알아야 한다. 때때로 주위를 돌아보면서 많은 사람이 얼마나 열심히 살고 있는지, 자신이 얼마나 부족한지를 깨닫고 더욱 노력하는 자세를 지녀야 한다.

호메로스(Homeros, 출생 미상~사망 미상)
고대 그리스 작가. 대표작 《일리아스》《오디세이아》 등

호메로스 ≪오디세이아 Odyssey≫ 중에서

주인공인 율리시스(Ulysses)는 그리스 신화에 나오는 영웅으로 오디세우스(Odysseus)의 라틴어 이름이다. 율리시스가 시실리 섬 근

> 처를 지나게 되었는데 이곳에는 세이렌이라는 생물체가 살고 있었다. 세이렌은 밤에 나와 아름다운 노래로 사람을 현혹해 배를 암초가 있는 곳으로 몰게 하여 난파시키고 선원들을 물로 뛰어내리게 했다. 그러다 보니 대부분의 선원은 시실리 섬을 지나지 않고 돌아갔지만, 율리시스는 이곳을 지나가기로 했다.
>
> 율리시스는 이곳을 지나가기 전에 선원들을 불러 귀에 양초를 녹여 굳힘으로 아무 소리도 못 듣게 하였고 율리시스는 양초가 모자라서 자신의 귀는 막지 못했다. 밤이 되자 세이렌의 아름다운 노래가 들리기 시작했다. 율리시스는 홀로 노래에 유혹되어 선원들에게 세이렌의 소리가 나는 곳으로 배를 돌리라고 고함을 쳤지만, 귀를 막은 선원들은 듣지 못했다. 율리시스의 손은 매듭으로 키에 묶어놨기 때문에 바다로 뛰어들 수도 없었다. 결국, 닥칠 위험을 지혜롭게 대비한 율리시스 때문에 배는 무사히 시실리 섬을 지나갈 수 있게 되었다.

자신을 스스로 관리하지 않으면 감언이설이나 유혹, 부정에 휘말려 평생 지울 수 없는 수치를 당하거나, 영어의 몸이 되거나, 삶의 나락으로 떨어지는 불행을 겪는다. 허황된 상상을 좇다가 현실에 직면하면 불행의 근원이 되므로 현명한 사람은 부질없는 유혹에 빠지지 않는다. 만만한 상대로 보여 이용당하지 않아야 한다.

유혹은 누구에게나 올 수 있지만 철저한 자기관리를 통해 이겨내야 한다. 거절해야 할 때 거절할 줄 아는 것은 자기관리의 지혜이다. 당연히 거절해야 할 일을 거절하지 않고 받아들여서 나중에 큰 낭패를 보는 경우가 비일비재하다. 거절해야 할 때는 명분을 내세워 부드러우면서도 단호한 태도로 거절해야 한다.

타고르의 '다섯 가지 질문'

• 타고르가 한 다섯 가지 질문의 내용은 무엇일까?

인도의 시성 타고르는 자기관리에 대해 엄격하기로 유명했다. 그에게 다섯 명의 제자가 있었다. 어느 날 제자들이 스승인 타고르에게 물었다. "스승님 어떤 사람이 인생의 승리자입니까?" 타고르는 웃으면서 대답했다. "자기를 이기는 사람이다." 그러자 한 제자가 다시 물었다. "자기를 이기려면 어떻게 해야 합니까?"

잠시 침묵이 흐른 뒤 타고르는 제자들에게 말했다. "첫 번째, 오늘은 어떻게 지냈는가? 두 번째, 오늘은 어디에 갔었는가? 세 번째, 오늘은 어떤 사람을 만났는가? 네 번째, 오늘은 무엇을 하였는가? 다섯 번째, 오늘은 무엇을 잊어버렸는가? 너희는 자신에게 매일 다섯 가지를 질문하여라. 이것이 자기를 이기게 하고 인생을 살리게 하는 질문이다."

타고르(Tagore, 1861~1941)
인도의 시인. 〈기탄잘리〉로 노벨문학상을 수상.

하루하루를 뒤돌아보고 바른 언행을 했는지 반성하고 자문해 보아야 한다. 그러면 나쁜 마음은 억누르고 좋은 마음이 키워질 것이다. 좋은 마음을 갖고 인간으로서의 기본적 가치인 정직함, 성실함, 겸손함, 상냥함 등 선한 행실을 보여야 한다. 누구든지 뛰어난 장점을 가지고서도 결점을 갖지 않은 사람은 없다. 결점이 두드러지면 어려움을 겪기 마련이므로 자신의 주된 결점을 확실하게 인식하고 고쳐 나가야 한다.

자기관리를 실천하는 방법

- 자신을 스스로 지키기 위해 노력한다.
- 나에 대한 잣대를 엄격하게 적용한다.
- 나를 객관적으로 평가한다.

- 도덕적인 인간이 되기 위해 노력한다.
- 스스로 옳다고 생각하는 일을 실천한다.
- 손해를 감수하더라도 바른 행동을 한다.
- 유혹 앞에서 단호히 NO라고 말한다.
- 늘 신중하게 생각하고 판단하려고 노력한다.
- 항상 바른 언행을 한다.
- 게으름 피우지 않고 최선을 다한다.

자기관리를 위한 순간관리

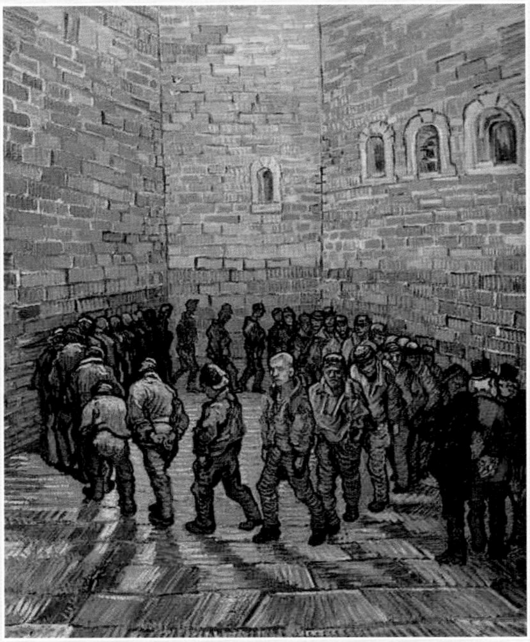

고흐 〈감옥 마당에서 죄수들의 운동시간〉

도스토옙스키의 순간관리

- 도스토옙스키는 어떻게 순간순간에 최선을 다했을까?

도스토옙스키
(Dostoevskii 1821~1881)
제정 러시아의 소설가. 톨스토이와 함께 러시아가 자랑하는 세계적인 문호. 대표작으로 ≪죄와 벌≫ ≪백치≫ ≪카라마조프가의 형제들≫ 등이 있음.

1849년 12월 22일, 영하 50도의 추운 날씨에 여러 명의 사형수가 형장으로 끌려 나왔다. 한 청년이 다른 두 사람과 함께 형장의 세 번째 기둥에 묶였다. 사형 집행까지는 5분 남아 있었다. 청년이 이제 단 5분밖에 남지 않은 시간을 어디에다 쓸까 생각해 보았다. 옆 사람과 마지막 인사를 하는데 2분, 오늘까지 자신의 삶을 생각해 보는데 2분, 그리고 남은 1분은 주위를 한 번 둘러보는 데 쓰기로 했다. 그는 옆의 두 사람과 최후의 눈인사를 했다.

"거총!" 소리와 함께 병사들이 총을 들었다. 조금만, 조금만 더 살고 싶은 욕망과 함께 죽음의 공포가 몰려왔다. 바로 그때 말발굽 소리와 함께 한 병사가 나타나서 "사형 중지, 황제가 특사를 내리셨다!"고 소리쳤다.

28세의 나이로 총살 직전에서 살아난 사형수. 그는 19세기 러시아 문학을 대표하는 세계적 문호 도스토옙스키였다. 농노제의 폐지, 검열 제도의 철폐, 재판 제도의 개혁을 요구하는 사회주의 모임에 가담했다가 1847년 체포되어 사형이 선고되었으나 사형 집행 직전, 황제의 특사에 의해 감형되어 시베리아에 유배되었다.

도스토옙스키는 형장에서 '신의 가호가 있어 살 수 있게 되었는데, 1초라도 허비하지 않겠다'고 다짐했다. 그는 이 다짐대로 4년 동안 시베리아에서 5㎏의 쇠고랑을 차고 유배 생활을 하면서 머릿속으로 소설을 쓴 뒤 모조리 외웠다. 도스토옙스키는 주어진 순간순간을 마지막처럼 살았기 때문에 대문호가 될 수 있었다.

순간을 지배하는 사람이 인생을 지배한다. 자신에게 주어진 이 순간을 어떻게 보내느냐에 따라 인생이 행복할 수도 불행할 수도 있다. 순간을 잘 관리하여 잘나가는 인생이 되기도 하고, 잘못 관리하여 흔들리는 인생이 되기도 한다.

순간적인 말실수, 행동실수로 돌이킬 수 없는 결과를 초래하는 일이 비일비재하다. 순간순간에 정신을 바짝 차리고 바른 마음을 가지고 바른말과 바른 행동을 해야 하며 말이나 행동에 실수하지 않아야 한다.

찰나적인 순간에 올바른 행동으로 영광을 얻기도 하고 실수 하나로 지울 수 없는 상처와 패가망신을 당하는 경우가 비일비재하므로 순간을 잘 관리하여 기쁨이 넘치는 삶이 되도록 해야 한다.

순간순간마다 항상 깨어 있는 의식으로 자신의 모습을 자각하고, 하지 말아야 할 일은 하지 않아야 하고, 해야 할 일은 하겠다는 결심을 하고 올바르게 행동하는 것이 중요하다.

순간이 영원으로 이어진다. 순간순간의 충실함이 인생을 충실하게 만들고 순간순간의 허술함이 인생을 허술하게 만든다. 순간의 선택이 일생을 좌우함을 명심하고 순간을 잘 관리해야 한다.

순간관리를 실천하는 방법

- 나에게 가장 중요한 때는 지금 이 순간임을 인식하고 매 순간 최선을 다한다.
- 순간적인 말실수나 행동실수를 하지 않도록 조심한다.
- 나에게 가장 중요한 사람은 지금 대하고 있는 사람임을 인식한다.
- 나에게 가장 중요한 일은 지금 하는 일임을 인식한다.
- 과거의 회상에 매달리지 않는다.
- 미래의 허황된 상상에 사로잡히지 않는다.

읽기 자료

세 가지 의문

톨스토이의 작품 중에 ≪세 가지 의문≫이라는 단편이 있는데 내용은 다음과 같다.

한 왕이 인생에서의 세 가지 의문을 가지고 답을 구하고 있었다. '가장 중요한 때는 언제이며, 가장 중요한 사람은 누구이며, 가장 중요한 일은 무엇인가?'

왕은 이 세 가지 의문을 가지고 있었기 때문에 국사에 전념할 수 없어서 많은 신하와 학자들이 갖가지 해답을 제시했으나 마음에 와 닿지 않았다. 급기야 왕은 답을 얻기 위해 은둔하고 있는 현자를 찾아가 기다리는데 현자는 답을 제시하지 않고 밭만 갈고 있었다.

그때 갑자기 숲 속에서 한 청년이 피투성이가 되어 달려 나왔다. 왕은 자기의 옷을 찢어서 청년의 상처를 싸매 주고 정성껏 돌보다 주었다. 그런 다음에 왕은 현자에게 세 가지 의문에 대한 답을 요구하자 현자는 해답을 이미 실천했다고 하면서 다음과 같이 말했다.

"조금 전의 순간에 피투성이가 된 사람을 정성껏 간호했듯이 세상에서 가장 중요한 때는 바로 지금 이 순간입니다. 사람이 지배하고 사용할 수 있는 시간은 바로 지금뿐이기 때문입니다. 그리고 가장 중요한 존재는 지금 대하고 있는 바로 이 사람이며 가장 중요한 일은 지금 하는 일입니다."

톨스토이

- 세 가지 의문은 무엇이며 이에 대한 해답은 무엇인가?

정리하기

- 홀로 있을 때조차 신중한 자세로 삼갈 줄 아는 신독(愼獨)의 자기관리가 중요하다.
- 의(義)를 염두에 두고 두려워할 외(畏)를 마음에 새겨 스스로 삼가야 한다.
- 자신을 이기는 사람이 진정으로 강한 사람이다.
- 타인보다 자신에 대한 잣대를 보다 더 엄격하게 적용해야 한다.
- 자신을 다스리려면 자신을 객관적으로 평가해야 한다.
- 자기관리를 통해 유혹을 이겨내야 한다.
- 거절할 줄 아는 것은 자기관리의 지혜이다.
- 자신의 주된 결점을 확실하게 인식하고 고쳐 나가야 한다.
- 순간을 지배하는 사람이 인생을 지배한다.
- 순간을 어떻게 보내느냐에 따라 인생이 행복할 수도 불행할 수도 있다.
- 순간적인 말실수, 행동실수로 돌이킬 수 없는 결과를 초래하는 일이 비일비재하다.
- 순간순간에 바른 마음을 가지고 바른말과 바른 행동을 해야 한다.
- 순간의 선택이 일생을 좌우함을 명심하고 순간을 잘 관리해야 한다.
- 이 세상에서 가장 중요한 시간은 '현재'이며 이 세상에서 가장 중요한 사람은 '지금 내가 대하고 있는 사람'이고 이 세상에서 가장 중요한 일은 '지금 하는 일'이다.

확인하기

1 빈칸에 적절한 단어를 기입하세요.

자기관리를 위해서는 홀로 있을 때조차 신중한 자세로 삼갈 줄 아는 (   )의 자세가 중요하다.

2 문장을 읽고 O·X를 표시 하세요.

자신보다 타인에 대한 잣대를 보다 더 엄격하게 적용해야 한다. (   )

3 삶에서 순간관리의 중요성을 설명한 것 중에서 틀린 것은 어느 것인가요?

① 순간을 지배하는 사람이 인생을 지배한다.

② 지금이 일생 중에 가장 중요한 순간이다.

③ 삶은 지금을 중심으로 펼쳐져 있으며 연결되어 있다.

④ 때로는 과거에 대한 동경이나 후회를 해야 한다.

4 자기관리를 어떻게 하면 잘 할 수 있는지 적어 보세요.

정답 1. 신독 2. X 3. ④ 4. 각자 작성

PART

02

8대 인성덕목

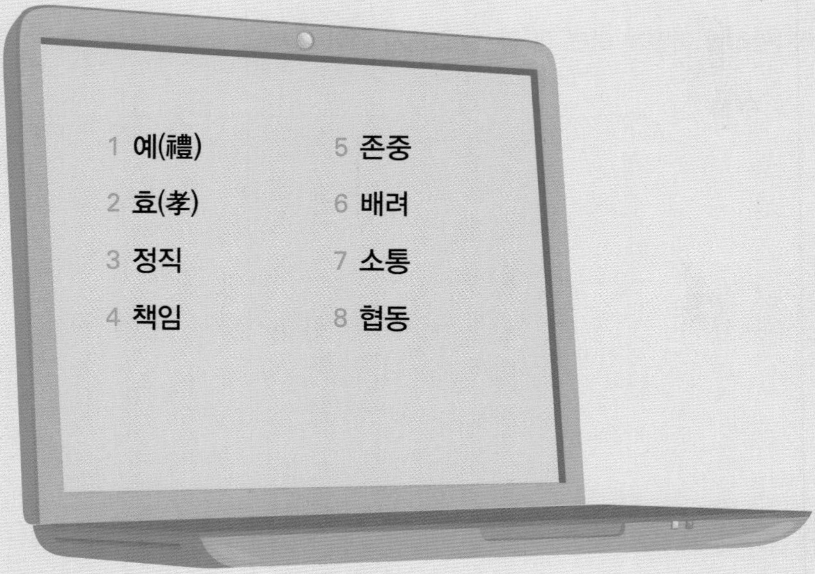

1 예(禮)

학습목표
- 예절 바른 사람의 행동을 인식하고 실천 방법을 말할 수 있다.
- 겸손을 교만과 비교하면서 겸손의 필요성을 인식할 수 있다.
- 예의 바른 복장의 실천 방법을 말할 수 있다.

예절 바른 사람

발타자르 그라시안
(Balthasar Gracian, 1601~1658)
스페인을 대표하는 작가이자 철학자. ≪세상을 보는 지혜≫ ≪나를 아는 지혜≫ 등이 있음.

발타자르 그라시안 어록

예절의 기술은 모든 사회적 관계를 향상시킨다.

사회학 이론: '상징적 상호작용론'

사람은 사회에서 상호 작용의 관계 속에 존재한다. 다른 사람과의 사회관계는 서로가 상대방의 행동에 대해 어떠한 행동을 취해야 하는지 생각하게 하며, 서로가 수용할 수 있는 행동의 한계를 설정해 준다. 좋은 관계는 상호 기대하는 행동이 부합될 때 가능한 것인데 이것이 바로 예절이다.

인간은 혼자서는 존재할 수 없으며 서로의 관계 속에서 살아가고 있다. 그러므로 상대방과 접촉할 때의 예절이 중요하다. 좋은 인간관계를 맺게 하고 유지 발전시키는 예절을 갖추는 데는 비용이 들지 않는다. 예절을 갖춘 사람이 되어야 한다.

예절은 자신을 조금 억제하고 상대방에게 맞추려고 하는 분별과 양식 있는 행위로 상대에 대한 정중함과 상냥함이다. 예절이 뒷받침되지 않으면 건방지다는 소리를 들으면서 인간관계에서 소외되기 십상이다. 예절은 인간관계에 매우 중요한 요건이다.

예절은 인간관계를 부드럽고 편안하게 만들어 주어서 상대방 마음의 문을 열게 하는 열쇠이다. 예절 없는 행동은 상대방 마음을 닫게 하지만, 예절은 상대방 마음을 열게 한다.

매일 만나는 친구에게 예절을 발휘하면 우정에 엄청난 보탬이 될 것이다. 예절은 평소의 습관이 쌓여서 만들어지는 것이며 아울러 훈련을 통해 갖추어나가는 것이다.

인간이란 본래 완벽한 존재가 아니다. 다이아몬드도 연마 과정을 거쳐야 보석이 되는 것처럼 사람도 부단히 갈고 닦아야 예절 바른 사람이 된다. 예절은 결심하고 길들이면 익힐 수 있다. 공손하게 말하고 겸손하게 행동하고 단정한 몸가짐을 하는 습관이 몸에 배면 자연스럽게 실천하게 된다. 말과 행동과 몸가짐은 습관처럼 굳어지기 때문에 어렸을 때부터 배워서 몸에 배도록 해야 한다. 수시로 예절 바른 사람의 본보기를 관찰하고 본받아 몸에 익혀야 한다.

수많은 상황에서 어떻게 예절을 실천해야 하는지에 대해서는 건전한 상식을 가지고 판단하여 행하면 된다. 스스로 판단할 능력이 있는 사람은 누가 가르칠 필요도 없이 실천할 수 있으며 상대방이 자신에게 해주기를 바라는 대로 행하면 된다. 예절과 관련하여 인간관계를 좋게 하기 위해서는 인사, 친절, 겸손, 배려가 기본이다.

인사

인사는 상대에게 자신을 어필하는 가장 간단한 방법이다. “안녕하세요?”라는 인사 한마디가 좋은 인간관계를 유지시키고 발전시킨다. 인사는 일반적으로 모자란 것보다는 지나친 것이 낫다.

친절

친절은 세상을 아름답게 한다. 얽힌 것을 풀고, 곤란한 일을 수월하게 하고, 암담한 것을 즐거움으로 바꾼다. 친절을 베풀면 친절을 되돌려 받는다. 지나친 친절이란 말은 없다.

겸손

자기를 낮추고 상대를 높이면 상대방은 마음의 문을 연다. 겸손은 고상한 매너이며 삶의 지혜다. 겸손한 사람이 성과를 올렸을 때는 공감하면서 칭찬하지만 오만한 사람이 같은 일을 했을 때는 시기와 질투를 받기 쉽다.

배려

자신보다 먼저 상대방을 생각하는 마음이 배려이다. 배려는 해야 할 의무를 지닌 것이 아니지만 의무감보다 한 단계 높은 마음 씀씀이다. 인간이란 원래 조그마한 것에 감동하게 마련이므로 사소한 배려가 상대방에게 감동을 줄 수 있다.

겸손과 교만

노자와 공자

• 노자가 공자에게 충고하는 말의 내용은 무엇일까?

노자가 하루는 자신보다 나이가 적은 공자를 만났다. 공자가 과거의 사상을 인용하며 자랑스럽게 자신의 의견을 피력하자 세상일에 초연해 있던 노자는 조용히 다 듣고 나서 "아무리 지식이 많고 힘센 군사같이 보여도 때를 얻지 못하고 쑥대같이 바람에 쓰러지는 사람이 있는가 하면, 어떤 사람은 바보같이 보여도 안에 큰 덕과 인을 지닌 군자일 수 있다네. 사람은 무릇 교만과 내세움을 버려야 하네.

겸손은 인간관계의 덧셈 법칙이고 교만은 인간관계의 뺄셈 법칙이다. 겸손 없이 원만한 인간관계는 불가능하다. 인간관계는 교만한 자를 싫어하고 겸손한 자를 좋아하게 되어 있다. 특히 자기 과시는 미움을 사며 시기심을 유발한다. 과시하는 지위나 위엄이 상대방의 감정을 상하게 한다. 친구를 얻고 싶다면 겸손한 자세로 상대방이 나보다 뛰어나다고 느끼게 해주어야 하며, 적을 만들고 싶다면 교만한 자세로 상대방보다 내가 잘났다고 느끼게 하면 된다. 세상은 교만한 자를 싫어하며 그런 사람은 좌절을 맛보게 됨을 명심하고 겸손이 몸에 배도록 해야 한다.

겸손은 남이 시기해 진로를 방해하지 않도록 도와주므로 겸손 없이는 궁극적으로 성공을 이룰 수 없다. 겸손은 인생에서 성공하기 위한 열쇠이며 교만은 성공의 독이며 해독제는 겸손이다.

찻잔에 넘치는 물

• 스승은 제자에게 무엇을 어떻게 가르쳤을까?

재능이 뛰어난 사람이 산속에 칩거하며 정진하고 있는 옛 스승을 찾아갔다. 스승은 제자와 찻잔에 물을 계속 부어 마시면서 대화를 나누었다. 한참 대화를 나누면서 제자의 말을 듣고 있던 스승이 부은 찻잔에 물이 넘치고 있었다. 이 모습을 본 제자가 "찻잔에 물이 넘칩니다"라고 하자 "찻잔이 넘쳐 바닥을 적시는 것은 알면서 재능이 넘쳐 인품을 망치는 것은 어찌 모르는가"라고 했다.

제자는 당황하면서 뉘우치는 말씀을 드리고 일어나서 나가려다 방문에 머리를 부딪치고 말았다. 이 모습을 본 스승이 "고개를 숙이면 매사에 부딪치는 법이 없네. 겸손을 알지 않으면 아무것도 이룰 수 없네."

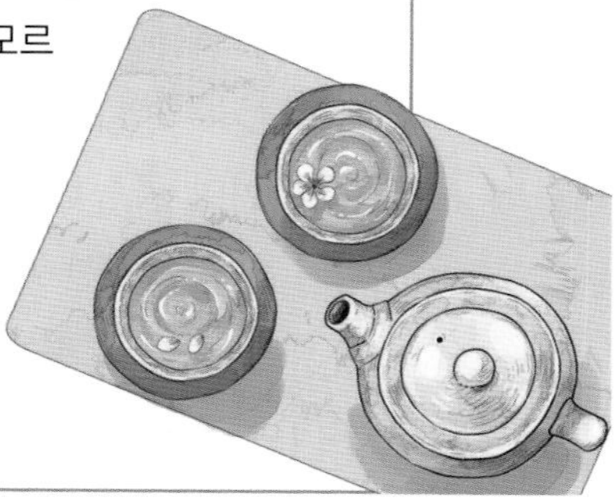

겸손은 교만 반대편에 선 덕목이다. 교만은 극단적인 자기중심의 죄악이며 인간관계에 벽을 쌓는 것이다. 겸손 없이 원만한 인간관계는 불가능하다. 겸손하면 친구를 얻고 교만하면 적을 만든다. 겸손한 자세로 상대의 의견을 청하고 상대를 존중하는 것이 좋은 인간관계의 비결이다.

남이 반갑게 인사한다고 해서 자기를 훌륭하게 여기기 때문이라고 생각하지 말아야 하며, 남이 자기의 말에 참으며 반대하지 않고 따른다고 해서 존경하기 때문이라고 생각하지 말아야 하며, 남이 은혜를 베풀어주는 것을 사랑하기 때문이라고 생각하지 말아야 하며, 남이 겸손해하는 것을 경의를 표하기 때문이라고 생각하지 말아야 한다.

겸손하지 못한 과장은 하지 않는 것이 좋다. 나중에 과장한 내용이 이루어지지 않을 경우, 상대방은 더 크게 실망을 느끼고 심지어 과장한 자를 하찮게 여긴다. 과장으로 인해 실없는 사람으로 취급받지 말아야 한다.

복장의 효과

복장은 상대방에 대한 예의이다. 이 세상에서 혼자 산다면 아무렇게나 복장을 하고 살아도 상관이 없다. 하지만 인간은 사회적 동물이며 공동체에서 함께 살아가므로 상대방에 대한 예의를 지키기 위해 적절한 복장을 하여야 한다.

복장은 타인의 평가뿐만 아니라 자기 관리에도 영향을 준다. 자신의 이미지에 어울리는 복장을 해야 한다. 편한 것만 추구하거나 무작정 유행을 따르기보다는 자신의 이미지에 맞는 복장으로 가꾸고 표현하여 자신의 개성을 표현할 수 있어야 한다. 그러면 상대하는 사람들의 태도도 달라지고 자신의 기분도 좋아져서 상대방을 우호적으로 대하게 된다. 인간관계는 상승곡선을 그리며 긍정적인 효과를 나타내게 된다.

학생들의 경우에는 같은 교복이라 하더라도 자신을 깔끔하고 단정하게 가꾸어야 한다. 속옷도 깨끗하게 갖추어 입고, 교복은 다려서 맵시 있게 입어야 하며, 거기서 멈추지 말고 평소 머리 모양과 말투, 표정에도 관심을 기울여 산뜻하고 활력 넘치는 모습을 하고 다녀야 한다.

읽기 자료

복장의 효과 실험

미국의 이미지 전문가 존 몰로이는 복장의 중요함을 증명하는 실험을 했다. 먼저 실험 참가자를 두 그룹으로 나누어 한 그룹은 고급스러운 양복을 입히고, 다른 그룹은 평범하고 편한 옷을 입혔다. 그는 참가자들에게 한 호텔로 들어가서 일반인들이 호텔로 들어가려고 할 때에 같이 들어가도록 했다.

그 결과, 동시에 문에서 마주쳤던 일반인들의 94%가 고급스러운 옷을 입은 참가자에게 먼저 길을 양보했다. 그러나 평범한 옷을 입고 똑같은 행동을 했을 때는 82%의 사람들이 길을 양보하지 않았고, 심지어 5%의 사람들은 욕을 하기도 했다.

참가자들이 위급 상황을 꾸며 처음 보는 사람에게 돈을 빌리는 실험에서도, 고급스러운 옷을 입은 참가자는 한 시간 동안 평균 34달러 6센트로 돈을 빌릴 수 있었지만, 평범한 차림의 참가자는 평균 8달러 42센트로 4분의 1에 그쳤다.

또한, 평상복을 입힌 참가자들에게 타자와 복사를 부탁했을 때, 과제를 모두 수행하는데 평균 20분 이상 소요됐지만, 고급스러운 양복을 입힌 참가자들에게 같은 양의 타자와 복사를 부탁했을 땐 약 84%가 10분 이내에 과제를 끝냈다. 옷차림에 따라 개인의 행동과 역량이 달라진 것이다.

- 복장 효과 실험의 결과는 무엇을 의미하는가?

정리하기

- 상대방과 접촉할 때의 예절이 중요하다.
- 예절은 자신을 조금 억제하고 상대방에게 맞추려고 하는 행위이다.
- 예절은 인간관계를 부드럽고 편안하게 만들어 준다.
- 예절은 상대방 마음을 열게 한다.
- 예절은 평소의 습관이 쌓여서 만들어지는 것이다.
- 부단히 갈고 닦아야 예절 바른 사람이 된다.
- 공손하게 말하고 겸손하게 행동하고 단정한 몸가짐을 해야 한다.
- 인간관계를 좋게 하기 위해서 인사, 친절, 겸손, 배려가 기본이다.
- 인사는 상대방에게 자신을 어필하는 가장 간단한 방법이다.
- 친절을 베풀면 친절을 되돌려 받는다.
- 겸손은 고상한 매너이며 삶의 지혜다.
- 사소한 배려가 상대방에게 감동을 줄 수 있다.
- 겸손은 인간관계의 덧셈 법칙이고 교만은 인간관계의 뺄셈 법칙이다.
- 겸손은 인생에서 성공하기 위한 열쇠이다.
- 교만은 인간관계에 벽을 쌓는 것이다.
- 과장으로 인해 실없는 사람으로 취급받지 말아야 한다.
- 복장은 상대방에 대한 예의이다.
- 자신의 이미지에 어울리는 복장을 해야 한다.

확인하기

1 다음 중에서 설명이 틀린 것은 무엇인가요?

① 예절은 인간관계를 부드럽고 편안하게 만들어 준다.

② 예절은 타고 나는 것이므로 습관과는 상관이 없다.

③ 겸손은 인간관계의 덧셈 법칙이고 교만은 인간관계의 뺄셈 법칙이다.

④ 복장은 상대방에 대한 예의이다.

2 빈칸에 적절한 단어를 기입하세요.

(　　　　　)는 상대에게 자신을 어필하는 가장 간단한 방법이다.

3 문장을 읽고 O·X를 표시 하세요.

교만은 극단적인 자기중심의 죄악이며 인간관계에 벽을 쌓는 것이다. (　　)

4 예의 바른 사람이 되는 방법을 적어 보세요.

5 사회에서 예절이 많이 변화되었는데 현대 사회에 알맞은 예절을 한 가지 만들어 보고 이 예절을 만든 이유를 서술하시오.

6 예절과 용모와는 어떤 관계가 있는지 적어 보세요.

정답 1. ② 2. 인사 3. O 4~6. 각자 작성

2 효(孝)

학습목표
- 효의 의미를 인식하고 실천 방법을 설명할 수 있다.
- 가족의 의미를 이해하고 말할 수 있다.
- 행복한 가정의 역할을 인식할 수 있다.

효란 무엇인가

현대 사회가 자본주의 경제의 심화, 핵가족화에 따른 가부장제에 대한 인식 변화, 부모와 자녀 간의 관계 변화, 고령화 사회에 따른 국가의 역할 등으로 전통적인 효의 개념과 의식이 받아들여지기 힘든 시대가 되었다.

하지만 아무리 사회가 변화되었다고 하더라도 자녀가 부모를 공경하고 섬겨야 한다는 효의 근본은 변할 수 없다. 효는 자녀의 자발적인 심성에서 비롯된다. 효는 의무화나 강제화할 수 있는 사항이 아니다. 자녀가 실천 의지를 가지고 자발적으로 할 수 있는 행위이다.

불효자의 효도

- 원님은 왜 불효자의 거짓 효도에도 상을 내렸을까?

옛날 어느 마을에 새로 부임한 원님이 자신의 정체를 숨기고 저잣거리를 구경하고 있었다. 그러던 중 어느 작은 초가집에서 들려오는 말소리에 잠시 가던 길을 멈추었다.

"어머니, 아, 하세요. 밥 한 숟가락 드립니다. 다시 아, 하세요. 나물 반찬 드립니다. 오늘은 날씨가 정말 좋네요. 하늘은 파랗고 뭉게구름이 조금 흘러가고 있습니다. 자, 아 하세요. 이번에는 생선 반찬 드립니다."

원님이 그 초가집을 몰래 들여다보니 한 청년이 앞이 보이지 않는 어머니에게 눈으로 보이는 모든 것을 설명하면서, 생선의 가시도 정성스럽게 발라 어머니의 식사 수발을 하고 있었다. 그 모습에 감명을 받은 원님은 효자 청년에게 큰상을 내렸다.

그런데 마을에 앞이 안 보이는 어머니가 있는 또 다른 청년이 있었다. 이 청년은 불편한 어머니를 조금도 모시지 않는 불효자였지만 자신도 상을 받고 싶은 욕심에 거짓 효도를 열심히 했다. 그렇게 또 다른 효자의 소문을 들은 원님은 다시 정체를 숨기고 불효자 청년의 집을 들여다봤다.

원님의 방문을 눈치 챈 불효자는 더욱 열심히 어머니를 모셨다. 그런데 원님이 바라보는 가운데 어머니가 뜻밖의 말을 했다."아들아. 예전의 너는 앞이 안 보이는 어미를 보살피지 않고 살더니 지금은 이렇게 어미를 극진히 모시는 효자가 되었으니 이제 내가 당장 죽어도 여한이 없구나."

거짓 효도를 들킨 불효자 청년은 원님을 속였다는 생각에 겁이 났다. 하지만 원님은 불효자에게도 같은 상을 내렸다. 이상하게 생각한 사람들에게 원님이 말했다. "효도는 흉내만 내도 좋은 것이다. 비록 거짓이었다고 해도 부모가 죽어도 좋을 만큼 행복하게 해드렸다면 그 또한 훌륭한 효도이니라."

결국, 이 불효자도 자신의 잘못을 뉘우치고 그 뒤에는 진짜 효자가 되었다고 한다.

효도는 자녀가 하는 것이기도 하지만 더 중요한 것은 부모님이 받는 것이다. 내가 이렇게까지 효도를 하고 있다고 만족해하는 것이 아니라 부모님이 어떻게 느끼고 기뻐하실 지를 생각해야 한다. 받는 사람의 기쁨과 행복을 위해 효도를 해야 진정한 마음을 전할 수 있다.

전통적인 효의 개념은 자녀가 일방적으로 복종하고 봉양하는 것이었으나 현대 사회에서는 낡은 개념이 되었다. 현대 사회에서의 효의 개념은 부모와 자녀 사이에서 일어나는 자연스러운 감정 교류가 밑바탕이 되는 행위이다. 이러한 감정 교류를 원활히 하기 위해서는 소통이 이루어져야 한다. 소통을 가로막는 장벽은 자칫 세대 차이라는 이름으로 포장되어 갈등을 유발할 수 있다.

이러한 상황에서 자녀가 먼저 소통에 앞장서야 한다. 부모와 많은 대화를 통해 이해시키고 생각의 간격을 좁혀야 한다. 무조건 옛 것은 틀리고 나쁘다는 생각을 가질 것이 아니라 단지 다를 뿐이라고 생각하고 받아들일 것은 받아들여야 한다.

극심한 경쟁 사회에서 부모와 자식 간에 의사소통의 시간을 내기가 쉬운 것은 아니지만 소통이 일상화 되어야 한다. 부모와 자식 사이에 상호 관심을 가지고 공통적인 주제로 대화해야 한다. 스마트폰을 이용하여 생각과 느낌을 교환해야 한다.

예전에 자식에게만 의존하던 효도의 상당 부분이 노인 복지라는 이름으로 국가와 사회가 책임지는 시대가 되었다. 효가 자녀 개인의 섬김을 넘어 사회적 과제가 된 것이다. 이런 상황에서 효도가 국가나 사회적 책임이라는 인식이 아니라 효도라는 개념을 나의 어버이에 대한 것에서 사회 어르신을 공경하는 의식으로 나아가야 한다.

자식들이 돌보지 않는 독거노인, 경제적으로 어려운 소외계층의 어르신에 관심을 가져야 한다. 그래야 내 가족만의 행복이 아니라 더불어 사는 공동체가 될 수 있다. 이러한 의식이 확대되고 자리 잡아야 현재의 나의 부모와 미래의 나에게도 보살핌이 이루어질 것이다.

가족이란 무엇인가

자유의 여신상

• 자유의 여신상은 어떻게 만들어졌을까?

뉴욕 리버티 섬에는 <자유의 여신상>이 있다. 프랑스가 미국이 독립된 지 100주년이 되던 1886년에 선물한 이것은 프랑스 조각가 프레데릭 오귀스트 바르톨디의 작품이다. 바르톨디는 대규모 공공 기념물과 거대 조각들에 대한 열정을 키워왔었는데 프랑스 정부가 미국 독립 100주년 기념물 디자인을 공모하자 자유의 여신상 디자인을 출품해 당선되었다. 하지만 이 작품을 시작할 때 한 가지 걱정이 있었다. 바로 이 여신상의 얼굴을 누구를 모델로 삼아 조각할지가 문제였다.

바르톨디는 많은 고심 끝에 자신의 어머니를 생각하며 조각을 시작했고, 완성하기까지 무려 20년이 걸렸다. 미국의 자유와 민주주의를 상징하는 얼굴은 정치가의 위풍당당한 얼굴이나, 유명인의 화려한 얼굴이 아닌 수수하고 온화한 미소가 있는 어머니의 얼굴이었다.

인간이 태어나면 자연스럽게 가족 구성원이 된다. 가족은 부모님을 비롯한 가족 구성원들이 함께 엮어가는 운명 공동체이다. 그러므로 구성원의 위치에서 각자의 의무와 책임을 다해야 원만한 가족 관계가 형성된다.

인간관계의 출발점은 가족 간의 관계이다 가족 안에서 배운 인간관계는 기본 소양이 되고 사회생활의 바탕이 된다. 특히 부모와의 관계는 삶에 커다란 영향을 미친다. 성격 형성과 대인 관계, 생활 습관 등 다방면에 걸쳐서 영향을 받는다. 또한 부모와 자녀와의 관계는 상호 공감을 통한 소통으로 부모는 자녀를 사랑하고 자녀는 효도를 다한다.

가족의 의미는 그냥 단순한 가족 구성원이 아니라 나에게 힘이 되고 위안이 되는 존재이다. 그러므로 가족은 세상에서 가장 중요하다. 가족은 아플 때, 실패할 때, 외로울 때, 기대고 싶은 존재이다. 하지만 때로는 그런 기대감 때문에 상처가 더 큰 것도 가족이다. 가족 간의 상처는 사랑과 믿음으로 극복해야 한다. 가족 간에 먼저 무엇을 받으려고 하거나 기대할 것이 아니라 내가 더 큰 사랑, 더 큰 배려를 베풀려는 자세가 중요하다.

행복한 가족관계를 형성하기 위해서는 가족 구성원으로서의 위치에서 자신의 본분을 다해야 한다. 부모님이 베풀어주시는 것을 당연하다고 생각해서는 안 되며 은혜로 받아들이고 효도를 다해야 한다.

가족(Family)이란 단어는 '아버지, 어머니, 나는 그대를 사랑합니다(Father, mother, I love you)'의 각 단어의 첫 글자를 합성한 것이다. 아무리 사람 사는 방식이 달라진다 해도 일과를 마치고 집으로 돌아와 가족들과 함께 하는 시간이 삶의 온기를 불어 넣어준다는 사실은 변할 수가 없다.

행복한 가정

꼽추 엄마

- 학교에서 딸을 만난 엄마는 왜 눈물을 흘렸을까?

꼽추인 여자와 꼽추인 남자가 서로 사랑하여 결혼을 하고 임신을 하였다. 하지만 부부는 뱃속에 있는 아이가 '혹시나 부모의 유전자를 받아 꼽추가 되지 않을까' 내심 걱정이 되었다. 그러나 부부의 걱정과는 달리 건강한 아이가 태어났다. 꼽추 어머니는 아이를 지극 정성으로 보살폈고 아이도 어머니를 잘 따르며 착하고 건강하게 자랐다.

아이가 초등학생이 되었다. 아이를 학교에 보내게 된 어머니는 아이가 자라면서 꼽추 엄마인 자신을 외면할 까봐 걱정이 되었다. 그는 아이의 마음에 상처를 주지 않기 위해, 아이가 초등학교에 입학한 후부터 한 번도 학교에 찾아가지 않았다.

어느 날, 아이가 도시락을 놓고 학교에 가자 어머니는 고민하기 시작했다. '이 도시락을 학교에 갖다 주는 게 나을지… 도시락을 갖다 주면 엄마가 꼽추인 것이 알려져 아이가 무척 창피해 할 텐데… 그렇다고 갖다 주지 않으면 점심을 굶게 되는데…' 이런 저런 고민 끝에 학교에 있는 아이와 아이의 친구들이 볼까봐 몰래 살짝 갖다 주기로 했다.

어머니는 수업 시간 중에 학교로 갔다. 난생 처음 아이의 학교에 가본 순간 가슴이 뭉클했다. 교문을 들어서는데 아이들이 잔뜩 모여 있었다. 운동장 한 쪽으로 발걸음을 옮기는데 저쪽 나무 밑에서 아이가 보였다. 체육 수업이었다. 어머니는 아이가 볼까 봐 순간적으로 당황해 학교를 급히 빠져나가려고 했다. 서러운 마음을 감추지 못하고 힘든 몸을 이끈 채 조심조심 뛰었다. 그런데 멀리서 아이가 어머니를 발견했다. 눈이 마주쳤다. 어머니는 놀라며 더욱 빠른 걸음으로 교문을 향해 걸었다. 저쪽 나무 밑에서 아이가 교문 쪽을 바라보며 손으로 입을 모으고 소리치고 있었다."와! 우리 엄마다!! 엄마!!!" 꼽추 엄마의 눈에서 눈물이 흘러내렸다.

가정을 이루는 것은 소파와 전자제품이 아니라 소파에 앉은 아버지의 강건함과 어머니의 미소이며 가족들의 화목함이다. 마당의 푸른 잔디와 화초가 아니라 잔디밭에서 터지는 가족들의 웃음소리이며, 자동차가 드나드는 대문이 아니라 사랑을 주려고 그 문을 들어오는 부모님의 설레는 모습이며, 부엌과 식탁이 아니라 정성과 사랑으로 음식을 준비하는 어머니의 모습이다.

행복한 가정은 웃음소리와 노래가 들리는 곳이며 사랑의 눈동자가 마주치는 보금자리이다. 희생이 있고, 용서와 이해와 관용이 있는 곳이며, 상처와 아픔이 치유되고 안정을 찾는 곳이다.

칸트 어머니 레기나 도로테아

• 칸트의 어머니는 칸트에게 어떻게 사랑을 베풀었을까?

독일이 낳은 위대한 철학자 칸트는 이렇게 말했다. "놀랍고 숭고한 것이 둘 있습니다. 하나는 내 머리 위에 있는 별이 반짝이는 하늘이요, 또 하나는 나의 가슴속에 있는 도덕 법칙입니다."

칸트를 낳아서 위대한 철학자로 만든 사람은 그의 어머니 레기나 도로테아였다. 칸트는 독일에서 서민의 아들로 태어났다. 그의 아버지는 마구를 파는 상인으로 정직하고 부지런하였다. 칸트의 어머니는 신분이 낮은 평민 출신으로 지식이 많거나 교육이 풍부한 여인은 아니었으나 마음이 섬세하고 성품이 독실하였다. 화를 내거나 격정에 사로잡히는 일이 없었다. 언제나 마음의 평화를 잃지 않았다.

칸트는 어려서부터 그러한 어머니를 늘 보았다. 어머니는 아들을 데리고 자주 교외로 산보를 나갔다. 숲 속을 거닐면서, 강변을 산책하면서, 강을 바라보면서, 또 화초를 구경하면서, 칸트의 어머니는 어린 칸트에게 신의 놀라운 지혜와 위대한 창조를 가르쳤다. 칸트로 하여금 선과 미에 눈뜨게 했다. 칸트의 정신세계는 어머니에 의해 넓어졌고 깊어졌다.

칸트가 13살 때 어머니가 세상을 떠났다. 하지만 어렸을 때 어머니가 아들의 가슴속에 뿌린 교육의 영향력은 결정적이었다. 위대한 철학자가 된 칸트는 어머니를 회상하면서 이렇게 말했다.

"나의 어머니는 애정이 많고, 감정이 풍부하고, 정직했습니다. 또 자식들을 경건한 가르침과 도덕적 본보기로 이끈 착한 어머니였습니다. 어머니는 나를 자주 교외로 데리고 나가 신의 작품에 내 주의를 향하게 하고 신의 전능과 지혜와 사랑에 관해 말씀해 주었습니다. 만물의 창조주에 대한 깊은 *외경(畏敬)의 생각을 나의 마음속에 심어 주었습니다. 나는 어머니를 절대로 잊지 않을 것입니다. 어머니는 나의

임마누엘 칸트
(Immanuel Kant, 1724~1804)
독일의 계몽주의 사상가. 근대 계몽주의를 정점에 올려놓았고 독일 관념철학의 기초를 놓은 철학자.

외경(畏敬)
두려워하며 공경함.

마음속에 선의 싹을 심고 가꾸어 주었습니다. 나의 마음을 열고 자연의 인상과 감명을 아로새기려 했습니다. 어머니는 나의 이해력을 각성시키고 넓혀 주셨습니다. 어머니의 가정교육은 나의 생애에 유익한 끊임없는 영향을 주었습니다."

가정은 자녀의 첫 학교이다. 거기서 자녀들은 무엇이 바르고 무엇이 사랑인지를 배운다. 기쁜 일이 있을 때 가정에서의 기쁨은 배가되고, 슬픈 일이 있을 때 가정에서의 슬픔은 반감된다. 따뜻한 심장과 사랑스런 눈동자가 마주치는 곳이다.

사랑과 웃음이 집안의 공기가 되는 가정이야말로 행복한 가정이다. 가족 구성원들이 서로 이해하고 아껴주는 가정이야말로 행복한 보금자리의 주인공들이다.

읽기 자료

아버지라는 이름

아버지란 때로는 울고 싶지만 울 장소가 없기에 슬픈 사람이다. 아버지의 눈에는 눈물이 보이지 않으나 아버지가 마시는 술에는 보이지 않는 눈물이 절반이다. 아버지의 주름살은 땀과 눈물의 흔적이다. 어머니의 눈물은 얼굴로 흐르지만 아버지의 눈물은 가슴으로 흘러 가슴에 고여 있다.

아버지란 겉으로는 태연해 하거나 자신만만해 하지만 속으로는 가족을 자신의 수레에 태워 묵묵히 끌고 가는 말과 같은 존재라고 여기며 가장으로서 강박감과 책임감에 사로잡혀 살아간다. 아버지란 '내가 아버지 노릇을 제대로 하고 있나? 내가 정말 아버지다운가?'하는 자책을 날마다 하는 사람이다. 아버지는 때로는 가정이 외딴 섬처럼 느껴지면서 자신에 대한 허무감을 느끼기도 한다. 말없이 묵묵한 아버지가 툭 던지는 헛기침 소리는 어머니와 자식들에게 당신의 건재함을 알리는 짧고 굵은 신호이다.

아버지의 마음은 먹칠을 한 유리로 되어 있다. 그래서 잘 깨지기도 하지만, 속은 잘 보이지 않는다. 아버지란 기분이 좋을 때 헛기침을 하고 겁이 날 때 너털웃음을 웃는 사람이다. 아버지는 가정에서 어른인 체 하지만, 친한 친구나 마음이 통하는 사람을 만나면 소년이 된다. 아버지는 가족들 앞에서는 기도도 안 하지만 혼자 차를 운전하면서 큰소리로 기도도 하고 주문을 외기도 한다.

아버지란 자식을 결혼시킬 때 한없이 울면서도 얼굴에는 웃음을 나타내는 사람이다. 자기가 기대한 만큼 아들, 딸의 학교 성적이 좋지 않을 때 겉으로는 "괜찮아, 괜찮아" 하지만 속으로는 몹시 화가 나는 사람이다. 아버지는 결코 무관심한 사람이 아니다. 아버지가 무관심한 것처럼 보이는 것은, 체면과 자존심과 미안함 같은 것이 어우러져서 그 마음을 쉽게 드러내지 못하기 때문이다.

아버지의 최고의 기대는 자식들이 반듯하게 자라 주는 것이며 이러한 모습을 바라보면서 삶의 보람을 느낀다. 아버지가 가장 부담스럽게 생각하는 속담이 있다. 그것은 '가장 좋은 교훈은 손수 모범을 보이는 것이다'라는 속담이다. 아버지는 늘 자식들에게 그럴듯한 교훈을 하면서도 실제 자신이 모범을 보이지 못하기 때문에, 이 점에 있어서는 미안하게 생각도 하고 남 모르는 콤플렉스도 가지고 있다.

성공한 아버지만이 아버지가 아니라 아버지는 있는 그대로의 아버지이다. 비록 부족하고 허점이 있어도 아버지는 아버지이다. 아버지는 아버지이기에 세월이 흘러도 가슴에 하나의 뜨거움으로 다가오는 존재이다.

아버지는 자식의 힘이고 자식은 아버지의 힘이다. 아버지는 이중적인 태도를 곧잘 취한다. 그 이유는 '아들, 딸이 나를 닮아 주었으면'하고 생각하면서도, '나를 닮지 않았으면' 하는 생각을 동시에 하기 때문이다.

어머니의 사랑은 산소처럼 항상 우리 곁에 있지만 아버지는 그 깊은 사랑을 감춘 채 대기하고 있다. 아들, 딸이 밤이 늦도록 돌아오지 않을 때 어머니는 현관문을 열어놓고 걱정하는 말을 하지만 아버지는 마음을 열어놓고 현관문을 쳐다본다.

아버지의 웃음은 어머니의 웃음의 두 배쯤 농도가 진하며 울음은 열 배쯤 될 것이다. 어머니의 가슴은 봄과 여름을 왔다 갔다 하지만 아버지의 가슴은 가을과 겨울을 오고 간다.

아버지는 비탈길 바위틈에 외로이 서있는 나무와 같은 모습이다. 척박한 곳에 터를 잡고 말없이 깊은 사랑을 감춘 채 대기하면서 위험한 등산길에 넘어지거나 위기가 닥치면 떨어지지 않게 손을 잡아주면서 사랑의 빛을 발한다. 오늘도 자식은 아버지의 그늘 아래서 아버지의 사랑을 먹으면서 성장하고 있다.

아버지! 뒷동산의 바위 같은 존재이다. 시골마을의 느티나무처럼 무더위에 그늘의 덕을 베푸는 크나큰 이름이다. 끝없이 강한 불길 같으면서도 자욱한 안개와도 같은 그리움의 이름이다.

- 윤문원 ≪아버지 술잔에는 눈물이 절반이다≫ 중에서

읽기 자료

어머니라는 이름

어머니는 만인에게 영원한 향수를 느끼게 하는 마음의 고향이며 안식처이자 피난처이다. 어머니는 생명의 원천이다. 자궁에서부터 탯줄로 이어지는 어머니란 존재는 마르지 않는 영원한 생명줄인 것이다. 어머니라는 낱말에는 인간의 온갖 아름다운 가치가 포함되어 있다. 사랑, 희생, 헌신, 희망, 정성, 수고, 노력, 지혜, 용기 등의 온갖 가치를 포함하는 정신의 저수지이다. 자식을 위해 스스로를 포기하고 희생하는 것을 미덕으로 알고 행해온 여성이다

우리 인간은 가장 기쁠 때, 가장 슬플 때, 가장 위험할 때 그 마음 깊이 깔려 있던 근원적인 소리인 '어머니'를 외친다. 여자는 약하지만 어머니는 강하다. 약한 여자를 강하게 만드는 것은 모성의 정신이다. 그것은 바로 자식에 대한 깊은 사랑의 모성애가 본능적으로 출렁이기 때문이다.

어머니의 근본적인 심성은 희생과 자애로 시종일관한다. '가지 많은 나무에 바람 잘 날이 없다'는 말처럼, 자녀를 둔 어머니의 마음은 잠시도 쉴 날이 없이 하찮은 작은 일에까지 그 마음을 내쏟는다. 그러기에 어머니에게는 편히 쉬는 시간, 기쁜 시간보다는 오히려 마음 아픈 시간, 근심 걱정되는 시간이 몇 곱이며 그만큼 눈물이랑 근심이 마를 날이 없다.

어머니는 인간이 만나는 최초의 학교이자 스승이다. 어머니의 무릎은 아이의 학교이며 어머니의 말은 아이의 교과서이다. 어머니의 표정은 아이의 정신적인 영양소이다. 어머니의 사랑보다 더 위대한 교사는 없다.

어머니는 자녀의 성격 형성에 결정적 영향을 미친다. 대개 남자들이 여자를 보는 눈의 근원적인 시각은 어머니를 보는 그 마음가짐 속에 있다.

어머니는 두 인생을 살아간다. 왜냐하면 자신의 인생과 또 자식의 인생을 함께 점검하면서 살아야 하기 때문이다. 어머니는 자신의 이름을 잊고 살아간다. 자식들 이름 뒤에 어머니를 붙여서 살아가고 있다.

어머니는 자식을 낳아서 기르는 것만이 자신의 직분이 아님을 잘 알고 있다. 어머니의 소원은 자식들이 자라서 훌륭하게 되는 것이다. 이것이야말로 어머니의 가장 큰 보람이요, 영광이며, 자랑이다.

어머니가 가장 안타깝게 생각할 때는 자식이 충분한 재능이 있음에도 불구하고 뒷받침을 못해줄 때이다. 어머니는 자식을 사랑하는 동시에 옳게 가르칠 줄 아는 현모가 되기가 쉽지 않음을 안타깝게 생각하고 있다. 아이들이 커 갈수록 '내가 너무 무능한 것이 아닌가? 좋은 엄마가 되려면 아직 멀었구나'라는 생각을 자주한다. 왜냐하면 자녀를 교육시키기 위해서는 정성과 지혜와 능력이 필요하기 때문이다.

어머니는 자식이 어느 날 서서히 자기를 내세우고 나설 때 대견스럽기도 하고 한편으로는 일종의 서운함을 느끼기도 하는 두 갈래 마음을 가지고 있다. 기르는 어미의 역할에서 지켜보는 어미의 자리로 물러설 수밖에 없을 때 안타까운 심정을 느낀다.

아버지는 자식에 대한 깊은 사랑을 감춘 채 기다리고 있다. 그러나 어머니의 사랑은 산소처럼 항상 자식 곁에 있다. 자식이 밤늦게 들어올 때 아버지는 대문을 쳐다보며 헛기침을 하지만 어머니는 문을 열어 놓고 졸면서 기다린다.

아버지의 눈물은 가슴 속에 고여 있지만 어머니의 눈물은 밖으로 내비친다. 어머니는 자식이 감동적인 행동을 하거나 기쁠 때, 속상할 때, 슬플 때, 화가 날 때, 애처로울 때…… 눈물을 흘린다. 이때 어머니의 눈물은 일곱 가지 이상 의미의 빛깔을 지닌 무지개가 된다.

어머니는 인간의 과거와 현재와 미래를 통한 영혼의 가장 깊은 자리에 있는 샘물과 같은 존재이다. 어머니는 자식들이 풍덩 빠져 헤엄칠 수 있는 평온하고 안온한 바다이다.

– 윤문원 ≪엄마가 미안해≫ 중에서

읽기 자료

털실 스웨터

아들이 가난한 어린 시절을 보낼 때, 엄마는 겨울에는 행상을 나가지 않고 일감을 가져와 손뜨개질로 스웨터를 떴다. 엄마는 추운 겨울날씨에 먼 길을 걸어서 학교에 등교하는 아들을 보면서도 으레 뜨개질을 하고나면 남은 털실이 있었지만 아들을 위한 벙어리장갑 하나 만들지 않았다.

하루는 완성된 스웨터를 본 어린 아들이 "엄마, 나도 엄마가 짠 스웨터를 입고 싶어요" 하고 투정을 부렸지만 "안 된다. 내가 이 일을 하고 있는 동안에는 안 돼. 다른 사람들이 보면 털실을 빼돌려 자기 자식을 위해 짜 준 것으로 알 것 아니냐"라고 하면서 타일렀다. 엄마는 항상 일감을 맡긴 곳에 완성된 스웨터와 남은 털실을 되돌려 주었다. 엄마가 그렇게 한 것은 자식에게 정직을 가르치기 위함이었다.

아들이 중학교에 진학할 무렵이 되자 엄마는 고향을 떠나 도시로 이사를 했다. 엄마는 생활과 자식의 공부 뒷바라지를 위해 연탄 배달에 나섰다. 아들은 도시의 아이들과 어울려 잘 지내면서 공부도 열심히 했다.

중학교 1학년 겨울방학이 되었다. 밖에서 친구들과 어울려 눈싸움을 한 아들이 저녁에 "나도 장갑 하나 사 줘요. 전에 끼던 장갑은 작아서 낄 수도 없어요"라고 하면서 엄마를 조르기 시작했다. 단칸방 구석에 쭈그리고 앉아 졸랐지만 엄마는 눈길 한 번 안 준 채 부지런히 부업인 구슬들을 꿰고 있었다.

급기야 아들은 어떻게 해서라도 목적을 달성해 보려고 울먹울먹하는 목소리로 "딴 애들은 토끼털장갑도 있고 눈 올 때 신는 장화도 있는데 난 장갑도 없어서 눈싸움도 못한단 말이에요. 애들이 나보고 엄마랑 연탄 배달이나 하래요"라고 하면서 마구 지껄였다.

평소 시간이 나면 주위의 눈치를 살피지 않고 엄마의 연탄 배달을 돕는 착한 아들이 자신도 모르게 거짓말을 한 것이다. 그 순간 엄마의 재빠르게 움직이던 손놀림이 멈추면서 "누가 그랬어? 연탄 배달이 뭐 어떤데 그래? 내가 너더러 연탄 배달을 도우라고 했어?"라고 했다. 침착하면서도 노여움이 배어 있는 엄마의 목소리에 아들은 주눅이 들었다.

아들은 집밖으로 나와 눈 쌓인 골목길을 외투도 없이 걸으면서 후회하고 또 후회했다. 사실 그런 놀림을 받은 적도 없었고 밤낮으로 힘들게 일하시는 엄마를 슬프게 할 생각도 없었다. 단지 낮에 친구들과 눈싸움을 하다가 장갑이 없어서 손이 조금 시렸을 뿐이었다.

잠시 후 집으로 들어온 아들은 아무 말이 없었고 엄마도 역시 그랬다. 아들은 엄마를 속상하게 한 것을 용서받고 싶었지만 쑥스러워 그렇게 하지 못했다.

얼마 후 설이 돌아왔다. 설날 아침에 엄마는 아들에게 선물을 내밀었다. 손뜨개질로 만든 같은 색깔의 스웨터와 장갑이었다. 아들은 고개를 푹 숙인 채 선물을 받았다.

며칠 뒤, 아들이 친구들과 눈싸움 놀이를 마치고 언덕을 오르는데 저 만치서 연탄을 나르고 있는 엄마의 모습이 보였다. 아들은 스웨터를 입고 장갑을 낀 손으로 엄마의 목에 매달렸다. 아들은 엄마의 연탄 배달을 도우려 했지만 엄마는 한사코 말렸다.

아들은 엄마가 끼고 있는 장갑을 보는 순간 흠칫 놀랐다. 이 추운 겨울 날씨에 차디찬 연탄을 나르며 엄마는 냉기서린 고무장갑을 끼고 있었던 것이다. 아들은 엄마의 만류에도 불구하고 연탄 배달을 도왔다. 그런데 엄마와 같이 연탄 배달을 하는 아주머니가 자신이 입고 있는 스웨터와 같은 색깔의 스웨터를 입고 있었다.

아들은 엄마가 설날 선물로 준 자신이 입고 있는 스웨터와 끼고 있는 장갑에 대한 자초지종을 알게 되었다. 그것은 설날을 앞두고 연탄 공장에서 배달원들에게 준 선물이었다. 엄마는 자신이 받은 털실 스웨터를 아들을 위해 다시 풀어서 구불거리는 실을 끓는 물에 김을 쏘여 곧게 펴고는 평소 솜씨로 한 올 한 올 뜨개질을 하여 아들의 스웨터와 장갑을 손수 떠주신 것이었다.

이와 같은 사정을 안 아들은 몸집이 커져 도저히 스웨터를 입을 수 없고, 손이 커져 손가락이 펴지지 않을 때까지 겨울마다 입고 끼고 또 입고 끼었다.

정리하기

- 효는 자녀의 자발적인 심성에서 비롯된다.
- 효도는 부모님이 어떻게 느끼고 기뻐하실 지를 생각해야 한다.
- 자녀가 먼저 부모님과의 소통에 앞장서야 한다.
- 부모와 자식 사이에 공통적인 주제로 대화해야 한다.
- 효가 자녀 개인의 섬김을 넘어 노인 복지라는 이름으로 사회적 과제가 되었다.
- 인간이 태어나면 자연스럽게 가족 구성원이 된다.
- 가족 구성원으로서 각자의 의무와 책임을 다해야 한다.
- 가족은 나에게 힘이 되고 위안이 되는 존재이다.
- 가족은 아플 때, 실패할 때, 외로울 때, 기대고 싶은 존재이다.
- 가족 간의 상처는 사랑과 믿음으로 극복해야 한다.
- 행복한 가정은 웃음소리와 노래가 들리는 곳이다.
- 가정은 자녀의 첫 학교이다.
- 아버지는 자식의 힘이고 자식은 아버지의 힘이다.
- 아버지는 자욱한 안개와도 같은 그리움의 이름이다.
- 어머니는 만인에게 영원한 향수를 느끼게 하는 마음의 고향이다.
- 어머니는 자식들이 풍덩 빠져 헤엄칠 수 있는 평온하고 안온한 바다이다.

확인하기

1 다음 중에서 설명이 틀린 것은 무엇인가요?

① 효도는 부모님이 어떻게 느끼고 기뻐하실 지를 생각해야 한다.

② 효도는 의무이므로 반드시 해야 한다.

③ 가족은 나에게 힘이 되고 위안이 되는 존재이다.

④ 가정은 자녀의 첫 학교이다.

2 나에게 아버지는 어떤 존재인지 적어 보세요.

3 나에게 어머니는 어떤 존재인지 적어 보세요.

4 우리 가족은 서로에게 어떤 말을 많이 하는지 적어 보세요.

5 별지에 부모님께 드리는 편지를 써 보세요.

정답 1. ② 2~5. 각자 작성

3 정직

학습목표
- 정직의 의미와 역할을 이해할 수 있다.
- 양심적인 삶의 자세를 인식할 수 있다.
- 정직함을 통한 신뢰받는 삶의 자세를 설명할 수 있다.

정직의 의미와 역할

정직은 동서고금을 막론하고 개인 생활 영역에서 대표적인 도덕적 덕목이다. 긴밀하고 깊이 있는 인간관계의 기반이다. 정직은 거짓이 없고 꾸밈이 없이 솔직하고 바르고 곧은 것을 말한다. 정직은 모든 인간에게 요구되는 덕목으로 말과 행동의 일치이며 상대방을 기만하지 않는 것을 의미한다. 정직은 원리원칙과 성실성과 독립성의 본질이며 개인이 가지고 있는 우수함의 토대이다. 정직을 토대로 하지 않는 재능은 쓸모없는 껍데기에 불과하다.

요즘 세상에 정직을 내세우는 사람에게 융통성 없이 앞뒤가 꽉 막힌 사람이라고 말을 하는 경우가 있는데 이건 잘못된 말이다. 험난하고 복잡다단한 현대 사회에서 삶을 영위하기 위해서는 속임수도 필요하다고 생각한다면 이는 모래 위에 집을 짓는 것이다. 집을 지을 수 있을지는 몰라도 곧 무너지게 되어 있다. 사람은 모름지기 항상 정직해야 한다.

상인의 못된 꾀

• 상인이 못된 꾀를 낸 결과는 어떻게 되었을까?

옛날 어느 욕심 많은 상인이 장터가 울리도록 땅을 치며 소리를 지르고 있었다. "아이고, 내 돈주머니! 내 돈주머니를 잃어버렸네. 찾아주는 사람에게는 그 돈주머니 안에 든 돈 절반을 줄 테니 제발 좀 찾아주시오."

얼마 지나지 않아 순박해 보이는 한 청년이 돈주머니를 들고 상인을 찾아 왔다. "돈주머니를 잃었다 들었는데 이것이 맞습니까?" 상인은 반색하며 청년에게서 돈주머니를 받았다. 실제로 잃어버렸을 때 들어있던 돈 천 냥이 그대로 있었다.

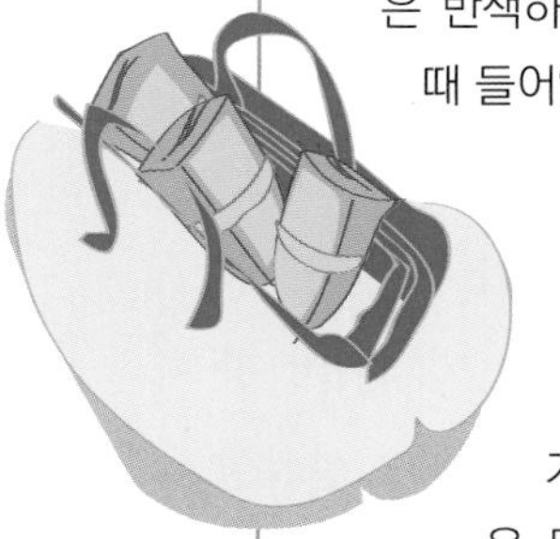

그런데 약속한 사례비 오백 냥이 아까워진 상인은 못된 꾀를 부렸다. "어허, 이 돈주머니에 삼천 냥이 들어 있었는데 지금 천 냥만 있는걸 보니 당신이 벌써 이천 냥을 가져갔구려. 내 약속대로 천오백 냥은 줄 터이니 가져간 돈 이천 냥은 돌려주시오." 청년이 "아닙니다. 주운 돈주머니를 고스란히 가져 왔습니다"라고 하자 상인은 "그러면 돈에 손댄 것은 뭐라 하지 않을 테니, 사례비는 없는 것으로 하시오" 하고 잔꾀를 부렸다.

결국, 해결점을 찾지 못하고 마을의 원님을 찾아갔다. 두 사람의 말은 들은 원님이 말했다. "상인은 삼천 냥이 든 돈주머니를 잃었고, 청년은 천 냥이 든 돈주머니를 주웠다고 하니 저 돈주머니는 상인이 잃은 것이 아니라 다른 사람이 잃은 것이다. 상인은 가서 삼천 냥이 들어 있는 돈주머니를 찾도록 해라. 저 천 냥이 들어있는 돈주머니는 관아에서 보관하다가 주인을 찾지 못하면 청년에게 주도록 하겠다."

나쁜 짓 가운데 가장 비열한 것은 거짓이다. 그것이 사악함과 부도덕의 결과인 경우도 있지만, 대부분은 정신적 비겁함의 결과이다. 남을 속이지 말고 순수하고 정의롭게 대해야 한다. 남에게 피해를 주지 말고 응당 돌아갈 이익을 주어야 한다.

벤저민 프랭클린 어록

> 정직을 벗으로 삼아라! 남의 믿음을 잃었을 때 사람은 비참해진다. 정직한 마음이 사람을 움직인다.

벤저민 프랭클린
(Benjamin Franklin, 1706-1790)
미국의 과학자이며 외교관이자 정치가. 피뢰침과 다초점 렌즈 등을 발명. 미국 독립에 크게 이바지하는 업적을 남겨 100 달러 지폐에 초상화가 실려 있음.

정직은 모든 인간관계에서 주체가 되어야 한다. 정직하면 손해를 볼 수도 있지만, 정직이 내뿜는 향기와 파동은 손해와 비교할 수 없는 믿음과 신뢰로 돌아오며 믿을만한 사람으로 평가받아 영향력이 생긴다. 행복한 사람의 무기는 정직함이며 말과 행동의 일치를 통해 빛을 발한다. 정직은 자신감에서 비롯되어 겸손함으로 이어져 신뢰를 얻고 존경과 경의를 불러일으키므로 정직함이 가장 큰 재산이며 삶의 보람을 얻을 수 있다.

바르다는 것은 솔직하고 정직하다는 것을 의미한다. 누구나 바른 사람을 만나면 마음이 편안하다. 바른 사람은 속이지 않을 것이라는 믿음을 주기 때문이다. 바른 사람에 대하여는 신뢰감을 갖게 되고 존중하게 된다.

양심적인 삶

퇴계 이황 ≪성학십도≫ 중에서

> 어머니 뱃속에서 갓 태어난 어린 아기의 마음이 적자심(赤子心)이다. 그 마음이 가장 순수하고 청렴결백하니 양심(良心)이며 그 근원에는 사단(四端)인 인의예지(仁義禮智)가 있다. 그러나 사람마다 희(喜), 노(怒), 애(哀), 구(懼), 애(愛), 오(惡), 욕(欲)이라는 칠정(七情)의 기질에 따라서 마음이 변한다. 그렇기 때문에 욕심을 막고 하늘의 이치를 공부해야 한다(알인욕존천리지공부遏人慾存天理之工夫).

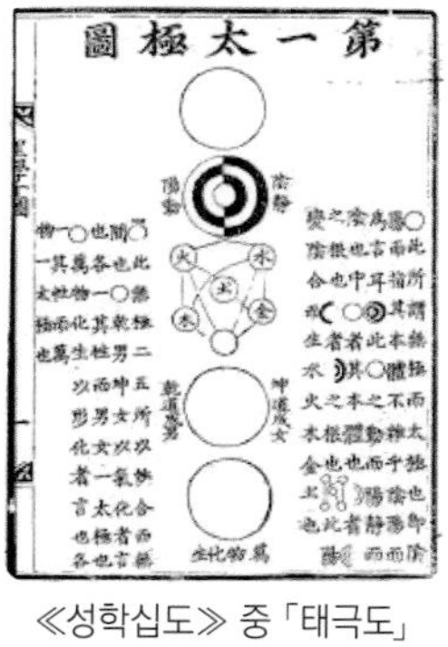

≪성학십도≫ 중「태극도」

≪성학십도 聖學十圖≫
(1568)
퇴계 이황이 대제학으로 있을 당시 새로 즉위한 선조에게 올린 상소문. 유학의 개요를 10폭의 도식으로 그린 것임.

이황(李滉, 1501~1570) 호는 퇴계(退溪). 조선 중기의 문신·학자. 저서로 ≪성학십도≫ ≪자성록≫ ≪송원이학통록≫ 등이 있음.

> 마음을 닦는 것은 거울을 닦는 것과 같다. 거울은 본래 맑은 것이지만 먼지와 때가 겹겹이 쌓이면 닦아서 맑고 깨끗하게 해야 한다. 처음 닦을 때는 힘이 들지만 두 번 세 번 계속 닦는다면 점점 힘이 적게 들고 거울도 맑고 깨끗함을 유지할 것이다.

양심은 인간의 가장 기본적이면서 반드시 갖추어야 할 필수불가결한 인성덕목이다. 양심은 무엇이 옳은지 그른지를 말해 주는 마음의 소리이며 도덕의 심판관으로 옳은 것을 실천하게 하는 마음이다. 인간은 양심이 있으므로 동물적 본능에 따라 살아가지 않고 스스로 옳다고 생각하는 것을 선택하고 실천하는 도덕적인 삶을 사는 것이다.

양심은 올바른 행동과 사고, 믿음, 생활의 지배자이다. 양심이 지배력을 발휘할 때만 고결하고 올바른 인격을 온전히 발전시킬 수 있다. 양심은 스스로 자기규제를 하여 유혹에 대항할 힘을 준다.

거울이 맑아지면 사물을 잘 비추듯이 양심을 가지면 바르게 행동하게 된다. 바른 행동은 자신과 다른 사람에게 기쁨과 행복을 안겨준다.

사람은 자신의 자질을 개발하고 올바른 삶의 길을 찾아 걸어가야 한다. 사람은 그럴 수 있는 의지가 있으며 저급한 본성과 시류에 휘말리지 않을 힘이 있다. 양심으로부터 자기규제를 통해 저급한 본성을 고상한 품성으로 전환하는 능력이 나온다.

양심이 있는 사람은 자신이 잘못했거나 누군가를 실망하게 했거나 일을 망쳤을 때 부끄러움과 죄책감을 느낀다. 부끄러움과 죄책감을 느끼는 것은 선량한 사람이라는 것을 증명하는 것이다. 하지만 부끄러움과 죄책감을 느끼는 것으로 끝나서는 안 되며 책임감을 느끼고 잘못을 바로잡을 수 있도록 조치를 해야 하며, 조치할 수 없는 상황이라면 철저한 반성을 통해 다시는 그와 같은 잘못을 저지르지 말아야 한다.

돈이 든 항아리

- 어머니가 돈이 든 항아리를 돌려준 이유는 무엇일까?

조선 시대 어느 마을 낡은 초가집에 아들과 홀어머니가 살고 있었다. 하루는 어머니가 기둥을 고치려고 호미로 기둥 밑을 파고 있는데 기둥 밑에서 돈이 가득 든 항아리가 나왔다. 어머니는 순간적으로 욕심이 났다. 이 초가집으로 이사 오기 전에 이 집에서 농사를 지으면서 혼자 살다가 돌아가신 할아버지가 한푼 두푼 모은 듯 했다. 할아버지가 갑자기 돌아가셔서 항아리의 존재를 자손들에게 알리지 못했던 것 같았다.

어머니는 할아버지 자손들에게 돈이 든 항아리를 돌려주기로 마음먹고 아들을 불러 "이 돈이면 잘 먹고 잘 지낼지는 몰라도 양심을 속이는데 진정한 복이 오겠는냐? 나는 네가 이 돈으로 편안하게 생활하는 게으름뱅이가 아니라 열심히 노력하는 모습을 보고 싶구나"라고 말하고 할아버지의 자손을 찾아 돈이 든 항아리를 돌려주었다.

아들은 어머니의 뜻을 받들어 과거에 급제하고 청백리가 되었다.

눈앞의 재물이나 이익을 보고 양심을 지킨다는 것은 쉬운 일이 아니다. 하지만 양심에 반한 행동을 해서는 안 된다. 일순간 이익이 될지 모르지만 양심의 가책으로 불안한 마음을 가진 상태에서 결코 행복할 수 없다. 양심을 지킨다는 것은 스스로에 대한 정직이며 행복의 지름길이다.

신뢰하는 삶

개인주의와 이기심이 팽배한 현대 사회에서 신뢰는 그 가치와 중요성이 더욱 커지고 있다. 믿으면 마음이 편안해지고 의심하면 불안해진다. 우리가 대중교통을 이용하는 것도 음식점에서 식사를 하는 것도 운전기사와 요리사를 신뢰하기 때문이다. 신뢰의 대상이 나 자신이건 남이건 굳게 믿고 의지하는 것이 행복의 조건이다.

진정한 신뢰는 맹목적으로 믿는 것이 아니라 이성적 판단에 의해 믿는 것이다. 신뢰는 사람과 사람사이, 사람과 조직 사이에 형성되는 축적의 산물로서 쌓이기까지 과정과 시간이 필요하다. 그러므로 신뢰는 성숙한 믿음이다.

신뢰는 저절로 생기는 것이 아니라 부단한 노력이 필요하다. 스스로 믿을 수 있게 행동하고 상대방의 믿음을 받아들일 때 형성된다.

신뢰는 올바른 마음을 가지고 성실한 자세로 바른 행동을 하면 자연스럽게 얻어지는 축복이다. 진정한 마음으로 배려하는 자세가 신뢰 형성의 첫걸음이다. 언행이 일치해야 하며 정직성과 진실성을 가지고 거짓 행동을 하지 않아야 한다. 독선과 아집을 부리지 않아야 한다. 잘못을 저지르거나 사과해야 할 일이 생기면 진정한 마음으로 잘못을 인정하고 사과해야 한다.

남을 신뢰하기 전에 먼저 자신을 신뢰해야 한다. 자신을 신뢰하지 않는 사람은 남들로부터 신뢰를 받을 수도 없다. 자신이 스스로 신뢰받을만하다고 생각되어야 남도 나를 신뢰할 것이다. 자신을 믿어야 하며 자신의 능력을 신뢰해야 한다. 스스로 생각하기에 신뢰할만한 자질을 갖춘 합리적인 신뢰를 해야 꿈도 실현할 수 있고 행복할 수 있다.

에머슨 어록

사람들은 믿음을 주면 성과로 보답한다. 사람들을 신뢰하라. 그러면 그들은 당신에게 충실할 것이다. 사람들을 위대한 사람으로 대하라. 그러면 그들은 위대함을 보여줄 것이다.

랠프 월도 에머슨
(Ralph Waldo Emerson, 1803~1882)
미국의 시인이자 사상가.

남을 신뢰하면 남도 나를 신뢰할 것이다. 나를 믿게 하려면 남을 믿어야 한다. 나를 신뢰할 만한 사람으로 만드는 길은 상대방을 일단 믿는 것이다. 그를 신뢰하지 못할 사람으로 만드는 가장 확실한 길은 그를 불신하는 것이다. 어떤 사람을 믿을 만한 인물로 만들고 싶거든 그 사람을 먼저 전폭적으로 믿어야 한다. 그리고 전폭적인 믿음을 그 사람에게 보여주어야 한다.

누군가 나를 믿어주는 사람이 있다는 것을 알게 되면 믿음에 보답하기 위해 올바르게 행동하려고 노력한다. 그와 같은 노력이 쌓여 올바른 인격이 형성되는 것이다.

≪이솝우화≫ 중에서

≪이솝 우화 Aesop Fables≫
아이소포스가 동물에 빗대어 인간 생활의 다양한 모습과 각종 처세술과 유머가 풍부하게 녹아 있음. 아이소피카(Aesopica)라고도 함.

예전에 사이좋은 네 마리 황소가 있었다. 어딜 가든지 함께 다니고 좋은 풀밭을 만나면 먼저 나서지 않고 사이좋게 풀을 뜯고, 위험한 일이 생기면 힘을 모아 함께 헤쳐 나갔다. 그런 황소들을 잡아먹기 위해 노리는 사자가 있었다. 하지만 제아무리 백수의 왕 사자라 할지라도 네 마리의 황소를 동시에 상대하는 것은 무리였다.

황소를 잡아먹을 궁리를 하던 사자는 풀을 뜯다가 다른 세 마리에게서 조금 뒤처진 황소에게 조심스럽게 다가갔다. 놀란 한 마리 황소가 친구들에게 뛰어가려 하자 사자가 조용히 말했다. "다른 황소들이 그러는데 너 혼자만 풀을 너무 많이 먹는다고 흉을 보더라."

그렇게 사자는 다른 황소들에게도 거짓말로 모함하기 시작했다.

아이소포스(Aesopos, BC 6세기경)
이솝(Aesop)이라고도 불리며 고대 그리스에 살았던 노예이자 이야기꾼. 그의 이름을 따서 모아놓은 《이솝 우화》는 세계적으로 잘 알려져 있음.

"다른 황소들이 그러는데 네가 덩치가 가장 작고 힘이 약해서 별로 쓸모가 없데." "진짜 맛있는 풀이 나는 언덕을 너한테만 알려주지 않는다더라." "네 뿔이 너무 못생겨서 보기 싫데."
계속되는 사자의 거짓말에 사이가 틀어진 황소들은 서로를 불신하고 미워하게 되어 뿔뿔이 흩어졌고 결국 차례대로 사자에게 잡아먹혔다.

상호 신뢰를 하기 위해서는 오랜 시간과 노력이 필요하지만 불신이 심어지기는 너무나 쉽고 빠르다. 조그마한 불성실이나 사소한 거짓이 신뢰의 탑을 무너뜨린다. 신뢰하는 사람과의 사랑과 우정을 유지하고 발전시키고 싶다면 불신의 균열을 조심해야 한다.

사람은 다른 사람으로부터 신뢰를 잃으면 비참해진다. 말을 해 놓고 행동을 하지 않거나 말과 행동이 다르다면 신뢰감은 무너지고 믿을 수 없는 사람으로 취급되면서 주위 사람들로부터 외면당하게 된다. 신뢰를 잃어버리면 설 땅이 없게 되어 죽은 사람과 같다. 신뢰는 유리와 같아서 한 번 금이 가면 다시는 회복되지 않으며 종잇장과 같아서 한번 구겨지면 다시는 완벽해지지 않는다. 어하한 일이 있더라도 신뢰를 잃지 않도록 해야 한다.

읽기 자료

맥아더의 언행 불일치

한국전쟁 때 우리나라를 도왔던 미국의 맥아더 장군이 육군사관학교 교장 시절의 일이다.

하루는 미국 상원의 국방위원들이 시찰을 나왔다. 맥아더는 국방위원들에게 브리핑한 뒤에 그들을 자기 방으로 안내했다. 방 안에는 가구도 없이 달랑 야전침대 하나만이 놓여 있었다. 맥아더는 자신이 부대원들과 함께 동고동락한다는 것을 강조하는 말을 했다. "여기가 제가 자는 방입니다. 이곳에서 한 주일 지내고 주말에 집으로 갑니다."

국방위원들이 학교 시설 여기저기 시찰을 마친 후 만찬이 열렸다. 맛있는 요리들이 금 접시에 담겨 나왔다. 만찬이 끝나고 모두 돌아간 뒤에, 금 접시 하나가 없어졌다는 보고를 맥아더가 받았다. 먼저 국방위원들을 의심한 맥아더는 편지를 보내 금 접시의 행방을 물었고 며칠 뒤 다음과 같은 내용의 답장 편지 한 통을 받았다.

「만일 장군께서 그날 밤 야전침대에서 주무셨더라면 그 금 접시를 찾으셨을 것입니다. 금 접시는 제가 야전침대 모포 밑에 넣어두었습니다.」

그는 답장 편지를 받고 나서 자신을 부끄럽게 생각하고 깊이 뉘우쳤다. 언행일치를 좌우명으로 삼고 실천하여 신뢰받는 군인으로서 훗날 미국의 원수가 되었다.

더글라스 맥아더(Douglas MacArthur, 1880~1964)
미국의 군인. 제2차 세계 대전 때 연합군 남서태평양 사령관이 되어 일본의 항복을 받아냄. 한국전쟁 때는 국제연합군 최고사령관으로 인천 상륙 작전을 지휘. 지혜와 용기를 함께 갖춘 전략가로 미국 국민의 신망을 받았음.

논술 교실

선의의 거짓말

[예시 답안]

우리는 일반적으로 거짓말을 나쁜 것으로 생각한다. 거짓말을 하는 것은 남을 속이는 행위로서 하지 말아야 할 것으로 여겨진다. 이것은 단지, 거짓말이 참, 진실이 아닌 거짓을 말하고 있기 때문이다. 그렇지만 인간은 항상 참, 진실만을 말하며 살아가는 것은 아니다. 인간은 이기적 동물이기 때문에 자신의 이기적 욕구에 따라서 거짓말이 불가피하게 사용하는 경우가 많다. 이로 인해 거짓말이 우리에게 나쁘게 인식되는 것이다.

거짓말이 단지 거짓을 말하는 것이기 때문에 나쁘다기보다는 그것이 자신의 이기적 욕구를 만족시키기 위한 매우 이기적인 행동이기 때문이다. 따라서 남에게 해를 입히는 것도 감안하는 행동이다. 우리가 거짓말을 했을 때 양심의 가책을 느끼는 것도 바로 이런 이유 때문이다.

선의의 거짓말은 하얀 거짓말(White Lie)이라고도 한다. 남에게 피해나 아픔을 주는 나쁜 거짓말은 절대 해서는 안 되지만 상대방에게 희망과 용기를 불어넣고 도움이 되는 거짓말이라면 용인할 수 있을 것이다. 예를 들어 불치의 병에 걸린 사람에게 "당신은 죽을병에 걸렸습니다. 어서 준비하십시오"라는 말보다는 "어떻게든 살 가망은 있습니다. 희망과 용기를 가지세요"라고 하면 정말로 희망을 가지고 꿋꿋이 살아 갈 수도 있기 때문이다.

친구나 형제에게 서로를 칭찬하는 마음으로 그다지 잘한 것은 아니지만 잘했다고 거짓말을 하는 것은 서로를 더욱 가깝게 만들어 주는 지름길이 된다. 살면서 어쩔 수 없는 거짓말을 해야 할 때가 있다. 또 살아가면서 누구나 한번쯤 거짓말을 한다. 하지만 그 거짓말을 꼭 나쁜 데 쓰라는 법은 없다. 친구를 놀리거나 남을 속여서 이용하는 등 남에게 피해를 주지 않는다면 거짓말은 때에 따라서 필요할 수도 있다. 선의의 거짓말을 단지 거짓이라는 이유로 나쁘다고 평가할 수는 없다. 그 동기가 말 그대로 선한 것이라면 그 행동 또한 선하게 받아들여야 한다. 이것이 곧 상대방을 기분 좋게 하는 선의의 거짓말이다.

정리하기

- 정직은 거짓이 없고 꾸밈이 없이 솔직하고 바르고 곧은 것을 말한다.
- 정직은 긴밀하고 깊이 있는 인간관계의 기반이다.
- 사람은 모름지기 항상 정직해야 한다.
- 남을 속이지 말고 순수하고 정의롭게 대해야 한다.
- 정직은 모든 인간관계에서 핵심이 되어야 한다.
- 정직하면 믿을만한 사람으로 평가받아 영향력이 생긴다.
- 바르다는 것은 솔직하고 정직하다는 것을 의미한다.
- 바른 사람에 대하여는 신뢰감을 갖게 되고 존중하게 된다.
- 양심은 무엇이 옳은지 그른지를 말해 주는 마음의 소리이다.
- 양심은 올바른 행동과 사고, 믿음, 생활의 지배자이다.
- 양심을 가지면 바르게 행동하게 된다.
- 양심을 지킨다는 것은 스스로에 대한 정직이며 행복의 지름길이다.
- 신뢰는 저절로 생기는 것이 아니라 부단한 노력이 필요하다.
- 진정한 마음으로 배려하는 자세가 신뢰 형성의 첫걸음이다.
- 남을 신뢰하기 전에 먼저 자신을 신뢰해야 한다.
- 남을 신뢰하면 남도 나를 신뢰할 것이다.
- 사람은 다른 사람으로부터 신뢰를 잃으면 비참해지므로 신뢰를 잃지 않도록 해야 한다.

확인하기

1 거짓을 행하면 어떻게 되나요?

2 양심을 지키기 위해 어떤 노력이 필요한가요?

3 어떤 상황을 설정하고 양심이 있는 사람은 이런 상황에서 어떻게 하는지 적어 보세요.

– 상황 설정 :

– 상황에 다른 행동 :

4 다음 중에서 신뢰와 관련된 내용을 바르게 설명한 것이 아닌 것은 무엇인가요?

① 인간관계에 있어서의 신뢰는 일방적이 아니라 상호적이다.

② 자신을 신뢰하는 것보다는 남을 먼저 신뢰하는 것이 중요하다.

③ 신뢰할만한 사람이 되기 위한 기본은 언행일치이다.

④ 사람은 다른 사람으로부터 신뢰를 잃으면 비참해진다.

5 신뢰와 인간관계에 대해 서술하시오.

정답 1~3. 각자 작성 4. ② 5. 각자 작성

4 책임

학습목표
- 책임지는 자세와 솔선수범에 대해 이해할 수 있다.
- 자신에 대한 책임인 성실에 대해 인식할 수 있다.
- 사회에 대한 책임인 법과 질서를 지키는 준법정신을 실천할 수 있다.
- 자연에 대한 책임인 환경 보호의 중요성을 인식할 수 있다.

책임지는 자세

니체 어록

> 자기 책임을 방기하지 않고 또한 그것을 타인에게 전가하려 하지 않는 것은 고귀한 일이다.

책임(責任)이란 '빚 책'자에 '맡길 임'자로 '빚을 지듯 일한다'는 자세를 뜻하기도 하고, '꾸짖을 책'자에 '마음대로 임'자로 해석하여 '멋대로 처신하지 않도록 스스로 꾸짖어야 한다'는 엄격한 자기 실천의 표현이기도 하다.

책임을 져야할 때 책임을 진다는 것은 남에게 보이기 위한 것이 아니라 자신과의 약속이다. 인간은 자신의 삶을 스스로 선택하여 영위하면서 그 결과에 책임을 지는 존재이다. 따라서 책임이란 자신의 삶을 책임지는 자신을 사랑하고 존중하며 귀하게 여기는 것이다.

책임을 진다는 것은 행위에 따른 결과를 받아들이고 순응하는 것이다. 양심에 따른 도덕적인 자세이며 이타적인 행위로서 참다운 인간의 특성을 나타낸다.

캐서린 헵번(Katharine Hepburn, 1907~2003)
미국 영화배우. 아카데미 여우주연상 3회 수상.

캐서린 헵번 어록

> 우리는 아버지를, 언니 오빠를, 학교를, 선생님을 탓하라고 배웁니다. 자신을 탓하라고 가르쳐 주는 사람은 없습니다. 언제나 내 잘못은 없다고 하죠. 하지만 모든 것은 언제나 내 잘못입니다. 변화를 원한다면 변화해야 할 사람은 바로 나이기 때문입니다.

인간이 각자에게 주어진 책임을 다한다는 것은 개인과 공동체를 위해 필요불가결한 것이다. 각자가 맡은 책임을 다함으로써 공동체가 유지되고 발전한다. 개인은 자신이 맡은 일에 책임을 다함으로써 재화를 얻지만 한편으로는 공동체에 커다란 기여를 하는 것이다.

만약 사람들이 각자 책임감 없이 행동한다면 사회 발전은커녕 혼란에 휩싸일 것이다. 예를 들어 소방관이나 경찰이 아무런 책임감을 느끼지 않고 행동한다면 사회는 혼란에 빠지게 된다. 이들이 자신의 위치에서 생명을 걸고 책임을 다하기에 사회가 유지되고 발전하는 것이다. 누구나 각자의 위치에서 큰일이든 작은 일이든 소명의식과 책임감을 느끼고 최선을 다해야 한다.

순왕이 우왕에게 전한 말

> 그대가 자신의 공로를 자랑하지 않고 자신의 재주를 떠벌리지 않으면서 일의 성과와 공로를 신하들에게 나눈다면 신하들은 기쁜 마음으로 일에 임하되 그대와 높낮이를 다투려 하지 않을뿐더러 공적을 다투려 하지 않을 것이오. 오로지 한 마음 한 뜻으로 부지런히 자기 자리에 충실 할 것이오.

책임자가 작은 공이라도 아랫사람에게 돌리면 더욱더 성심을 다해 일에 임한다. 책임자가 자신들에게 신뢰와 배려를 베푼다고 생각하기 때문이다.

자신이 책임 맡은 일에 문제가 생겼을 때, 환경이나 주변 사람을 탓하지 말고 먼저 자기 자신을 되돌아보아야 한다. 문제의 원인을 자신의 책임으로 돌리면 당장은 힘들 수 있지만 성장과 발전이 가능하다. 책임감을 가질 때 필요한 행동이 뒤따르게 되기 때문이다.

솔선수범

책임과 관련하여 앞장서서 모범을 보이는 솔선수범의 자세가 중요하다. 책임을 지는 사람은 자신은 모범을 보이지 않으면서 상대방에게 말로만 그렇게 하라고 해서는 안 된다. 솔선수범은 모범을 보이는 자세로 최선을 다하는 행동의 표현으로서, 만약 그렇게 하여 잘못되면 책임을 지겠다는 자세이다.

솔선수범하는 행동은 상대방의 행동 기준이 되므로 올바른 기준을 마련하고 지켜야 한다. 자신이 최선을 다하는 행동을 하면 상대방도 최선을 다하고, 자신이 헌신하는 모습을 보이면 상대방도 헌신한다.

솔선수범은 사람들이 신뢰하고 자발적으로 따르게 하는 원동력이다. 사람은 말보다는 행동을 주시하면서 감동적인 행동을 보고 마음이 움직인다. 말이 아닌 행동이 사람을 움직인다. 행동이나 실천 없이 구호만 내세우는 사람에 대해서는 진정성이 없는 사람으로 치부해버린다.

스스로 단속하여 자신의 행실을 올바르게 가져야 한다. 어떤 말이나 글보다도 몸소 행동으로 실천하는 솔선수범이 큰 가르침이며 영향력도 크다. 해 보이고, 들려주고, 시키고, 책임져야 한다. 평소 바른 마음, 바른 말씨, 바른 행동을 보이면 주위에 그런 사람들이 모이고 그들도 따라서 그렇게 하게 된다. 힘든 일이 생길 때마다 직접 나서서 모범을 보이면서 그들을 격려해야 한다.

솔선수범으로 모범을 보이는 사람은 주위 사람에게 힘든 일이 생기면 나서서 격려와 도움을 줄 뿐만 아니라, 설령 자신에게 어려움이 닥치더라도 가족이나 주위 사람들과 함께 어려움을 감내하면서 극복해 나간다.

의무의 의미

오프라 윈프리의 사명

- 오프라 윈프리가 자신의 사명감으로 생각한 것은 무엇일까?

오프라 윈프리(Oprah Winfrey, 1954~)
미국의 영화배우 · 방송인.

오프라 윈프리는 빈민가에서 10대 흑인 미혼모의 사생아로 태어났다. 어린 시절 성폭행을 당해 14살에 임신해 조산아를 출산하였지만 낳은 지 2주 만에 죽는다. 어디에도 의지할 곳 없는 그녀는 10대를 보내며 고된 삶을 살아야 했다. 하지만 무수한 시련을 극복하고 타임지가 뽑은 미국을 움직이는 가장 영향력 있는 인사로 선정되기도 했다.

자신이 쓴 ≪이것이 사명이다≫라는 자서전에서 네 가지 사명을 말한다.

첫째, 남보다 더 가졌다는 것은 축복이 아니라 사명이다.

둘째, 남보다 아파하는 것이 있다면 그것은 고통이 아니라 사명이다.

셋째, 남보다 설레는 꿈이 있다면 그것은 망상이 아니라 사명이다.

넷째, 남보다 부담되는 어떤 것이 있다면 그것은 사명이다.

오프라 윈프리는 불우했지만 자신에게 닥친 모든 것을 인생의 사명으로 받아들였다. 자신의 지우고 싶은 과거도 지금의 부유함도 사명으로 여겼다.

인생에는 수많은 일이 일어나지만 그 일이 행운이든 불운이든 어떻게 생각하느냐에 따라 자신의 사명으로 삼을 수도, 좌절의 씨앗이 될 수도 있다. 결국, 선택은 자신에게 달려 있다.

인간은 세상에 태어나서 가족, 사회, 국가 등 공동체와 구성원들의 도움을 받으면서 살아가고 있다. 세상에 진 빚을 갚는다는 생각으로 자신의 여건과 능력에 따라 가족, 사회, 국가에 이바지해야 하는 사회 규범이 의무이고 이를 느끼는 개인의 감정이 의무감이다.

의무감은 고결한 태도로서 일시적인 감정이 아니라 생활 전반에 걸쳐 있는 원칙이다. 행위로 나타나고 인간의 양심과 자유의지에 의해 결정된다. 일상생활에서 단호히 행동하고 자발적으로 노력해야 갚을 수 있는 것이 의무이다.

의무감은 정신을 구성하고 있는 요소들을 하나로 결합시키는 접착제이다. 의무감을 느끼지 않으면 지성, 진실, 행복, 사랑 등 구성 요소 자체가 점점 사라지게 될 것이다. 정신을 구성하는 요소들 모두가 무너져 황폐해진 자신의 모습에 놀라움을 금치 못할 것이다.

자신에 대한 책임 : 성실

≪중용 中庸≫
어느 한쪽에 치우침이 없는, 즉 지나치거나 모자람이 없으며(中), 항상 변함이 없는 도리(庸)를 설명한 책. 공자의 손자 자사가 지었다는 설이 있음. 사서(대학, 중용, 논어, 맹자) 중 하나임.

≪중용≫ 중에서

남이 한 번에 능하면 나는 백번을 하고, 남이 열 번에 능하면 나는 천 번을 한다. (人一能之 己百之 人十能之 己千之) 과연 이 방법으로 한다면 비록 어리석다 하더라도 반드시 밝아지고 비록 유약하더라도 반드시 강해진다.

실력은 꾸준한 성실의 다른 이름이다. 성실함으로 반복적인 노력을 기울이면 어떤 분야에서도 탁월해지며 달인이 되는 비결이다. 인생을 살아가는 데는 재능보다도 성실한 노력이 있어야 한다. 재능이 있어도 노력이 부족하면 재능은 꽃피지 못한다.

성실함이란 문제에 부딪히면 남보다 시간을 두세 곱절 더 투자하는 것이다. 땀은 배신하지 않으며 성실함을 이기는 천재는 없다. 평범하지만 꾸준히 노력하는 사람이 게으른 천재를 이긴다. 재능을 믿지 말고 노력을 믿어야 한다. 재능을 가진 사람은 많지만 재능을 갖는 것만으로는 충분하지 않으며 재능을 가꾸는 성실한 노력이 뒤따라야 한다.

이백의 깨달음

- 이백은 노인이 쇠뭉치를 가는 모습을 보고 무엇을 느꼈을까?

이백은 젊은 시절에 자신이 가진 재능에 실망하여 절필하고 유랑을 하기도 했다. 어느 날 산 중턱에 있는 한 노인의 오두막에 묵게 되었다. 이백이 잠자리에 들려는데, 노인은 큰 쇠뭉치를 꺼내더니 숫돌에 갈기 시작했다. 이 모습을 보고 이백이 "어르신, 왜 쇠뭉치를 숫돌에 가십니까"라고 묻자 노인이 "바늘을 만들려고 하네"라고 했다.
이백은 노인의 행동에 할 말을 잃었다. 노인은 묵묵히 쇠몽치를 갈았다. 이백은 노인의 행동을 집중하여 지켜보면서 깨달았다. '하나의 재능이 있다 해도 아홉의 노력이 없으면 성공할 수 없다.' 그렇게 노력의 중요함을 깨달은 이백은 역사에 길이 남는 시인이 되었다.

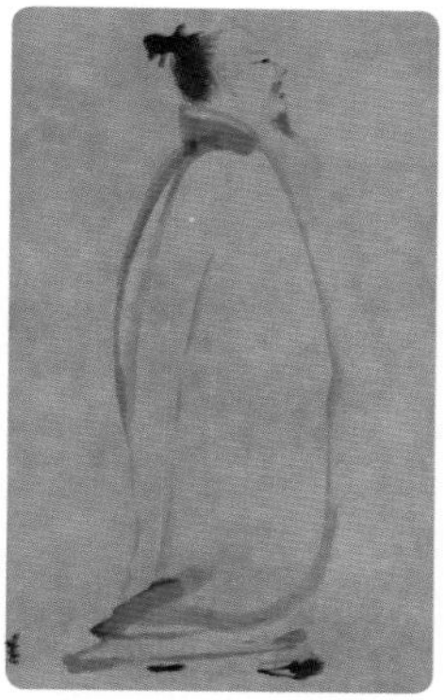

이백(李白, 701~762)
고대 중국 당나라의 천재 시인.

천재는 열심히 노력한 결과로 탄생한다. 진정한 천재는 성실이라는 평범한 자질을 높이 사면서 무조건 열심히만 하는 것이 아니라 효율적인 노력을 기울인다. 유익한 일에 시간을 쓰고 필요 없는 행동을 하지 않는다. 우리도 이처럼 현명하게 창의적으로 노력하여 성과를 창출해야 한다.

세상 사람들은 꿈을 실현한 사람에 대하여 운이 좋았다고 말하지만, 운은 우연이 아닌 노력의 결과로 노력의 절대량이 많아질수록 운은 좋아지게 마련이다. 기회라는 운은 성실히 노력하면서 준비한 사람에게 찾아온다. 성실의 효과는 언젠가는 어떠한 형식으로든지 거두어지게 마련이다.

바람과 파도가 유능한 항해사의 편이듯 행운은 성실한 사람 곁에 있다. 성실한 노력을 기울이지 않고서는 인생에서 열매를 맺을 수 없으므로 성실하지 못한 인생을 수치스럽게 생각해야 한다. 정신을 바짝 차리고 꾸준히 노력해야 한다. 인생은 노력하는 사람에게 기대 이상의 보상을 해준다. 태평하게 행운이 찾아오기만을 기다려서는 안 되며 성실한 노력을 기울여야 한다.

사회에 대한 책임 : 질서 준수

개인의 생명과 재산을 지키고 공동체의 유지와 발전을 위해 사회 구성원들이 약속한 질서는 누구나 지켜야 한다. 만약 질서를 지키지 않는다면 개인과 공동체는 유지되지 못하고 혼란에 빠지게 될 것이다. 질서는 공동체 생활의 기반으로서 반드시 지켜야 하는 공공의 약속이다.

질서를 지키는 것과 관련하여 누구에게나 책임이 강제로 부여된다. 이를 상징하는 것이 법이다. 법은 사회적 합의에 의한 규약으로 사회 구성원들이 지켜야 할 의무와 책임이 있다. 법을 어기면 강제적으로 책임을 묻는다. 법과 사회 질서를 유지하기 위한 관습 등 다양한 방법으로 책임을 강제하기도 한다. 이는 공동체의 안정성과 지속성, 신뢰성을 확보하기 위한 수단으로 볼 수 있다.

법을 지켜야 하는 이유는 첫째, 개인의 자유와 권리를 지킬 수 있기 때문이다. 법이 자유를 제한하는 것으로 생각하기 쉽지만, 법이 없다면 혼란 상황이 되어 개인의 자유와 권리가 지켜질 수 없다. 그러므로 법을 지켜야 법이 규정한 범위 내에서 자유와 권리를 보호받을 수 있다.

둘째, 사회 질서를 유지하여 안정적이고 평화로운 삶을 살 수 있게 한다. 다양한 가치관과 경쟁이 심한 현대 사회에서 갈등이 야기되면 혼란에 빠질 수 있다. 그러므로 법의 규정에 의하여 갈등을 해소하고 평화를 유지하게 한다.

셋째, 정의로운 사회를 만들어 갈 수 있게 한다. 법을 지키지 않고 부당한 이익을 추구하거나 공정하지 못한 기회를 얻고자 한다면 정의롭지 못한 사회가 된다. 법을 지킴으로써 공정한 분배와 기회를 얻는 정의로운 사회가 될 수 있다.

자연에 대한 책임 : 환경 보호

지구 온난화

• 지구 온난화의 원인은 무엇이며 해결을 위한 일상생활에서의 실천 과제는 무엇일까?

지구 온난화 현상이 심화되면, 급격한 기후 변화가 나타난다. 몹시 더운 날과 추운 날의 빈도가 증가하게 되며, 지구 기온의 상승으로 물의 순환을 촉진해, 특정한 지역에서의 심각한 가뭄과 홍수를 발생시킨다. 또한, 온도 상승으로 극지방 빙하가 녹아 높아진 해수면은 해류의 생성을 막고 지구의 자전과 공전 주기에 커다란 영향을 끼쳐, 제2의 빙하기가 도래하게 된다. 농업과 산림에서의 피해도 심각해진다. 열대와 적도 지역에서는 온도 상승으로 인한 증발량 증가로 곡물을 재배할 수 없을 정도로 토양의 수분 함량이 낮아져 곡물의 생산량이 감소하게 되지만, 러시아, 북미 지역에서는 곡물 생산량이 증가하게 된다. 또한, 유럽 서부, 미국 남부, 호주 서부, 남부 아프리카 등지에서는 곡물 생산량이 감소하여 세계 곡물 가격에 막대한 영향을 미칠 것으로 예상된다.

지구 온난화는 현재 인류 문명을 가장 크게 위협하는 환경 문제이다. 우리나라는 매년 태풍으로 엄청난 재산 피해를 보고 있고, 남태평양의 섬나라 투발루는 빙하의 붕괴로 인한 해수면 상승으로 국토를 포기했다. 유럽에서는 혹서로 인한 사망자 수가 수만 명에 달했다. 이것은 지난 100년 동안 지구 평균 기온이 겨우 섭씨 0.6도 올랐기 때문에 발생한 재난이다. 앞으로는 지구 평균 기온이 섭씨 1.4~5.8도 더 오른다고 하니 지구 온난화로 인한 재앙은 현실로 다가올 수 있다. 우리는 환경의 중요성을 생각하면서 대체에너지 이용과 신기술 개발 등 만반의 태세를 갖추면서 인류의 현재와 미래를 고민해야 한다.

환경과 관련하여 지구 온난화 문제는 심각한 수준이다. 지구 온난화란 온실 효과를 말하는데 지구 대기 중에 포함된 수증기나 이산화탄소와 같은 대기 성분이 지구에 도달한 태양 에너지가 외부로 복사되는 것을 차단하여 지구 온도가 지속해서 상승하는 것을 말한다. '온난화'라는 순화된 표현과는 달리 혹서와 가뭄, 예측 불가능한 태풍과 홍수를 몰고 오는 기후 재앙이다. 그것도 단순한 자연 현상 때문이 아니라 석탄과 석유 등 화석 연료를 많이 써서 생긴 인간이 만든 재앙이다.

환경 문제의 해결을 위해서는 인간성 회복과 생명 존중 사상을 가지고 자연을 회복시켜야 한다. 그러기 위해서는 소비주의적인 생활 문화를 억제하고 무분별한 개발을 멈추어야 한다. 물질적으로 풍요로운 삶을 영위하는 것보다는 인간의 기본적인 삶의 토대를 회복시키는 일이 더 중요하기 때문이다.

한정된 자연 자원을 무분별하게 개발하거나 사용할 것이 아니라 지속 가능한 개발과 사용 방안을 강구해 나가야 한다. 이는 욕구를 줄이는 절제하는 삶의 자세가 선행되어야 한다. 이것은 자신의 삶을 안전하게 하며 미래 세대를 위한 것이기도 하다. 절제하는 태도는 삶의 지혜로서 삶의 기준이 되어야 한다.

항상 깨어 있는 정신으로 자신의 행위가 환경에 미치고 있는 영향들을 자각하고 환경 보호에 이바지할 수 있도록 자신의 행위를 변화시켜 나가야 한다. 이미 환경 보호를 위해 노력하고 있는 경우에는 더욱더 이를 꾸준히 지키겠다는 결심을 하고 실천해 나가야 한다.

읽기 자료

칼레의 시민들

1347년 영국이 프랑스와 백년전쟁을 벌이면서 전략적 요충지인 프랑스 북부 항구 도시 칼레(Calais)를 공격했다. 하지만 칼레 시민들의 일치단결한 거센 저항에 부딪히게 되자 영국은 칼레를 봉쇄하여 식량이 떨어질 때까지 기다렸다. 칼레는 11개월 동안 저항했지만 성 안의 모든 식량이 떨어지자 결국 항복한다. 항복 사절이 영국 국왕 에드워드 3세에게 자비를 베풀어주기를 구하자 다음과 같은 최후통첩 조건을 받게 된다. "그동안의 저항 대가로 내일까지 시민 대표 여섯 명이 모자와 신발을 벗고, 겉옷만 걸친 채 몸을 밧줄로 서로 묶어 영국 진영으로 와서 교수형을 당해야 한다. 그러면 모든 나머지 칼레 시민들의 생명을 보장하겠다."

이 소식을 들은 칼레 시민 중에서 칼레에서 가장 부유한 외스타슈 드 생피에르가 여섯 사람 중 하나가 되길 자청하며 외쳤다 "칼레의 시민들이여, 나오라, 용기를 가져라!" 그러자 시장인 장데르가 나섰고 이에 부자 상인인 피에르 드 위쌍이 나섰고 게다가 드 위쌍의 아들마저 아버지의 위대한 정신을 따르겠다며 나서는 바람에 이에 감격한 시민 세 명이 또 나타나 한 명이 더 많은 일곱 명이 되었다. 어떻게 한 명을 제외할 것인가를 의논한 결과 내일 아침 제일 늦게 오는 한 사람을 제외하기로 하였다.

로뎅 〈칼레의 시민들〉

다음 날 아침 여섯 명이 약속한 장소에 나왔으나 마지막 한 사람이 안 나왔다. 그는 처음에 자원한 생피에르였다. 이상하게 생각한 시민들이 그의 집으로 달려갔을 때 그는 이미 자살하여 죽어 있었다. 그는 자신의 희생 의지를 보여주고 여섯 명에게 용기를 불어넣기 위해서였다. 그의 죽음에 큰 용기를 얻은 여섯 명은 목에 밧줄을 걸고 담대하게 영국 국왕 앞에 나아갔다. 이에 영국 왕비가 크게 감동하여 남편 에드워드 3세에게 자비를 베풀 것을 애원하였다. 당시 왕비는 임신 중이었기 때문에 왕비의 청원을 받아들여 처형을 취소했다.

- 칼레의 시민들은 어떻게 '노블레스 오블리주'를 실천했는가?

정리하기

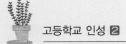

- 책임을 져야할 때 책임을 진다는 것은 자신과의 약속이다.
- 책임을 진다는 것은 행위에 따른 결과를 받아들이고 순응하는 것이다.
- 책임을 다한다는 것은 개인과 공동체를 위해 필요불가결한 것이다.
- 누구나 소명의식과 책임감을 느끼고 최선을 다해야 한다.
- 솔선수범은 모범을 보이는 자세로 최선을 다하는 행동의 표현이다.
- 솔선수범은 사람들이 신뢰하고 자발적으로 따르게 하는 원동력이다.
- 몸소 행동으로 실천하는 솔선수범이 큰 가르침이며 영향력도 크다.
- 의무감은 고결한 태도로서 생활 전반에 걸쳐 있는 원칙이다.
- 의무감은 정신을 구성하고 있는 요소들을 하나로 결합시키는 접착제이다.
- 자신에 대해 책임을 지는 행위가 성실이다.
- 성실함으로 반복적인 노력을 기울이면 어떤 분야에서도 탁월해진다.
- 재능이 있어도 노력이 부족하면 재능은 꽃피지 못한다.
- 성실의 효과는 언젠가는 어떠한 형식으로든지 거두어지게 마련이다.
- 사회에 대한 책임은 질서 준수이다.
- 질서는 공동체 생활의 기반으로서 반드시 지켜야하는 공공의 약속이다.
- 자연에 대한 책임은 환경 보호이다.
- 환경 문제의 해결을 위해서는 인간성 회복과 생명 존중 사상을 가지고 자연을 회복시켜야 한다.

확인하기

1 학교생활에서 책임져야 할 일에는 어떤 것이 있나요?

2 문제가 발생하였을 때 그 과정을 살펴보지 않고 무조건 다른 사람의 탓으로 돌린 적이 있나요?

3 책임을 다하지 않으면 나와 공동체는 어떻게 될까요?

4 공동체를 위해 책임을 다한 '칼레의 시민' 모습에서 무엇을 배울 수 있나요?

5 솔선수범하는 자세는 어떤 행동인가요?

6 의무의 의미에 대하여 서술하시오.

7 내가 실천해야 할 인류 공동체에 대한 책임에 대해 적어 보세요.

정답 1~7. 각자 작성

5 존중

학습목표
- 현대 사회에서의 존중의 중요성을 인식할 수 있다.
- 인권 존중, 자기 존중, 타인 존중의 의미와 내용을 이해할 수 있다.
- 인간관계에서 존중이 바탕이 되어야함을 설명할 수 있다.

현대 사회와 존중

현대 사회는 나 홀로 문화가 팽배해 있다. 많은 일이 사이버공간에서 이루어지는 비대면 사회가 되어 사람과의 직접적인 접촉이 부족하여 인간관계가 소원해지고 있다. 나 홀로 문화가 자리 잡아 타인과의 소통 단절과 극단적 개인주의가 조장되고 있다. 이로 말미암아 타인에 대한 존중 의식이 점점 약해지고 있다.

존중은 공동체의 유지와 발전을 위해 반드시 갖추어야 할 덕목이다. 타인에 대한 존중 없이 제멋대로 행동한다면 공동체의 존립은 위태로워질 것이다. 동물의 세계에서는 약육강식만 존재할 뿐 존중 의식은 없다. 하지만 인간은 인간 자체에 대하여 존중하는 마음을 가지고 있다.

인권 존중

인권은 인간이 가진 당연한 권리이다. 시대와 장소에 관계없이 누구나 태어나면서부터 누려야 할 권리로서 보편성을 지니며 어떤 경우에도 침해할 수 없다는 절대성을 가진다.

인권은 인간의 존엄성이라는 관점에서 보아야 한다. 인간 존엄성의 정신을 바탕으로 개인의 주체적 권리를 제도화한 것이 인권이다. 인간이라면 누구나 존엄한 존재로서 대우받아야 한다. 인간은 인간이라는 이유 자체만으로 그 존엄성을 보장받아야 하고 어떤 경우에라도 수단으로 이용되어서는 안 되고 목적으로 대해야 한다. 따라서 국가는 법과 제도를 통해 인권을 최대한 존중하고 보장하기 위해 노력하고 있다.

우리나라 헌법 제 10조에서 '모든 국민은 인간으로서의 존엄과 가치를 가지며 행복을 추구할 권리를 가진다'라고 명시하여 인권 보장을 강조하고 있다. 또한 세계 인권 선언에서는 인권이 모든 인류가 함께 달성해야 할 보편적 가치라는 점을 강조하고 있다. 이처럼 인권을 보장하려는 다양한 노력을 통해 인간 존엄성이 실현되는 사회를 만들어 가고 있다

인간 존엄성은 사회 구성원들이 서로 존중할 때 지켜질 수 있다. 인권은 나의 권리인 동시에 다른 사람의 권리를 존중해야 하는 책임을 수반한다. 자신의 존엄성 못지않게 다른 사람의 존엄성도 존중해 주어야한다.

인권 존중은 노예 제도가 남아있던 19세기 유럽에서도 주인이 노예를 대하는 예법에 관한 책이 존재할 정도로 노예에게도 최소한의 인권을 존중하였다.

주인이 노예를 대하는 예법

- 이 글을 읽고 존중과 관련하여 어떤 느낌이 들까?

> - 부드럽고 점잖게 정중한 태도로 지시할 것.
> - 침착한 음성을 유지하되 너무 친숙하거나 동정어린 어조는 피할 것.
> - 하인을 부를 때는 청아한 음조로 말끝을 또렷하게 할 것.
> - 만나면 즐거움을 주는 최상의 품격을 갖춘 사람이 되기 위해서는 부드럽되 우렁차게 하인을 불러 "이 일을 해주면 고맙겠네"라든가 "자네가 좋다면 그렇게 해 주게"라고 말할 것.

자기 존중인 자긍심

아우구스티누스 어록

아우구스티누스
(Augustinus, 354~430)
로마제국 말기 철학자이자 사상가.

> 인간은 높은 산과 바다의 거대한 파도와 굽이치는 강물과 광활한 태양과 무수히 반짝이는 별들을 보고 경탄하면서 정작 가장 경탄해야 할 자기 자신의 존재에 대해서는 경탄하지 않는다.

나는 나만의 특별하고 고유함을 가지고 태어난 이 세상에 유일무이한 소중한 존재이다. 자긍심은 '다른 사람이 나를 어떻게 평가하든 나는 충분히 사랑받을 가치가 있는 사람이다'라고 믿는 마음이다. 그것은 나의 특성과 능력 감정을 긍정적으로 평가하고 인정하는 것으로부터 시작된다. 자신의 가치를 스스로 높여 자신감을 갖는 것, 자기 자신을 올바르게 사랑하는 것이다. 남과 비교해 스스로를 비하하지 말고 어제의 나에 비해 얼마나 발전했는지를 비교하는 것이 자긍심을 기르는 바탕이다.

자긍심은 자신 안에서 찾아야 한다. 자긍심의 근원이 자신 안에 존재한다면, 그것을 찾는 것은 오로지 자신의 임무여야 한다. 자기 안에 스스로에 대한 믿음과 당당함이 자리 잡아야 한다. 나에 대한 믿음이 자긍심의 시작이다. 그 자긍심을 지키고 발전시키면서 꿈을 이루게 한다.

타인 존중

≪석시현문≫ 중에서

≪석시현문≫
작자 미상. 명나라 후기에 명구·명언을 집대성한 책.

> 남을 책하는 마음으로 자신을 책하고, 자신을 사랑하는 마음으로 남을 사랑하라. 자신을 아는 것으로써 남을 이해해 주며, 자신의 마음으로써 남의 마음을 비교하여 살펴 주어라.

타인을 인간답게 존중하면서 인격적으로 대우해야 한다. 다른 사람의 개성과 가치관, 생활 습관과 문화를 인정하고 감정과 생각을 이해해야 한다. 다른 사람을 존중해야 자신도 다른 사람의 존중을 받을 수 있다.

다른 사람을 그 자체로 소중하게 여겨서 자신만의 이익을 위해 이용하지 말고 존엄성과 권리를 인정하고 대우해야 한다. 타인 존중은 인권 존중 정신과 직결되며 도덕적인 삶의 근본이다. 다른 사람의 부족한 부분이나 잘못을 비난하기보다는 이해하고 포용해야 한다.

관심과 배려는 타인 존중을 위한 기본자세이다. 다른 사람이 어떤 상황에 처해 있는지, 무엇을 필요로 하는지에 관심을 가지고 배려해야 한다. 예의는 다른 사람을 존중하는 마음을 일정한 형식을 갖추어 표현하는 것으로 예의를 갖추어야 한다. 경청은 상대방의 말에 귀를 기울이는 것을 넘어 상대방을 존중하고 있다는 표현이므로 상대방의 말을 경청해야 한다. 나의 의견과 다르더라도 다른 사람의 생각과 가치를 존중하는 관용의 자세를 가져야 한다. 상대방과 갈등이 생길 때 인내심을 가지고 분노를 통제하면서 소통과 공감을 통해 해결해야 한다.

다름과 틀림

- 한 사물에 대하여 각자의 입장에서 어떻게 바라보고 있을까?

길을 가다가 가고자 하는 길을 물어보면 사람에 따라 다르게 대답한다. 술을 좋아하는 사람은 "저쪽 코너에 호프집이 있고 거기서 왼쪽으로 100m 정도 직진하면 됩니다." 목사에게 물어보면 "여기서 100m쯤 가다가 왼쪽으로 가면 교회가 보이고 거기서 50m를 더 가면 됩니다."

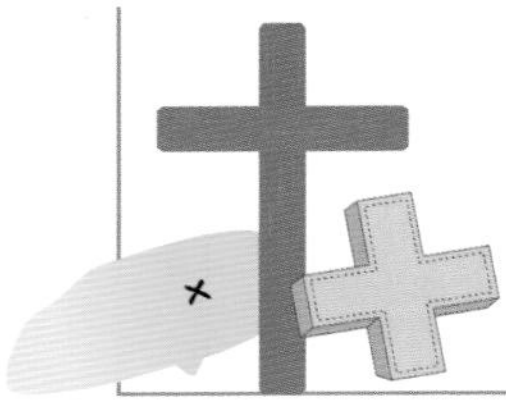

'+'가 그려진 카드를 수학자에게 보여주면 '더하기'라고 하고 산부인과 의사는 '배꼽'이라고 하고 목사는 '십자가'라 하고 교통경찰은 '사거리'라고 할 것이다.

사람은 자신의 관점에서 사물을 바라보거나 판단하기 쉽다. 이럴 때 자신의 관점과 다를 뿐인데도 종종 틀린 것으로 여긴다. 그러므로 나와 다르다고 상대를 외면하거나 비판할 것이 아니라 다름을 인정하고 존중해야 한다.

존중하는 인간관계

부서진 흙

- 좋은 인간관계의 씨앗은 무엇일까?

한 수도원 정원에서 나이 많은 수도사가 흙을 고르고 있었다. 그때 거만하다고 소문난 젊은 수도사가 다가오자 나이 많은 수도사가 젊은 수도사에게 "이 단단한 흙 위에 물을 좀 부어줘"라고 했다. 하지만 물은 옆으로 다 흘러가고 말았다. 나이 많은 수도사는 옆에 있는 망치로 흙덩어리를 깬 다음에 부서진 흙을 모아 놓고 다시 물을 부어보라고 하자 물은 잘 스며들었고 부서진 흙이 뭉쳐지기 시작했다.

나이 많은 수도사는 젊은 수도사에게 "물이 잘 스며드는 흙에 씨를 뿌려야 싹이 나고 꽃을 피우고 열매를 맺는 거야. 사람도 마찬가지로 단단한 흙처럼 거만함이 아니라 부서진 흙처럼 부드러운 겸손함으로 다른 사람을 존중해야 좋은 인간관계의 씨앗이 심어져 인생에 꽃이 피고 열매를 맺을 수 있는 거야"라고 말했다.

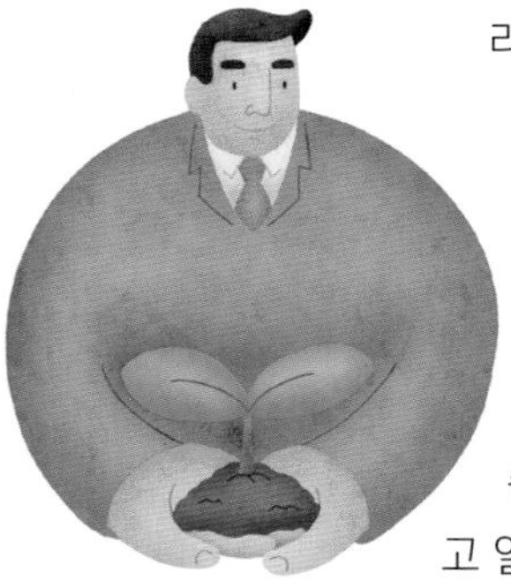

인간관계는 존중이 바탕이 된다. 상호 존중해야 원활한 인간관계가 이루어진다. 마음의 토양이 어떠한지에 따라서 좋은 인간관계를 맺을 수도 있고 맺지 못할 수도 있다. 독선과 아집으로 굳어진 토양이 아니라 상대를 인정하고 받아들이는 부드러운 토양이 되어야 한다.

한 사람의 인간관계 범위는 주변 사람에게도 영향을 미친다. 한 사람을 감동시키면 주변의 많은 사람이 감동하게 되고 반면에 한 사람의 신뢰를 잃으면 많은 사람의 신뢰를 잃는 것이다.

누구나 자신과 교유하는 사람들과 영향을 주고받게 된다. 말투, 태도, 걸음걸이, 몸짓, 사고방식까지 서로 모방하게 된다. 누군가 앞길에 재를 뿌리는 사람이 있다면 멀리해야 한다. 자칫하면 꿈은 날아가고, 전진할 수도 성장할 수도 없게 된다. 친구와 교유할 때 꿈을 실현하는 데 순풍 역할을 할 친구인지, 움직이지 못하게 하는 닻의 역할을 할 친구인지 먼저 생각해야 한다.

물은 어떤 그릇에 담느냐에 따라 모양이 달라지지만, 사람은 어떤 사람을 만나느냐에 따라 운명이 결정된다. 좋은 친구를 만나는 것은 신이 내리는 선물이다. 인생의 중요한 전환점은 인간관계에서 생긴다. 한순간의 인연이 발단이 되어 인간관계를 맺는 것이 삶의 방향과 인생과 운명을 바꾸어 놓는다. 친구를 사귀는 데 있어서 신중을 기해야 한다.

먼저 가까운 사람을 제대로 인정해 주는 일에 최선을 다해야 한다. 가족, 친구 등 가까운 사람을 기쁘게 해야 한다. 이들에게 관심과 사랑과 소중함을 표현하면서 인정해 주어야 한다.

읽기 자료

톨레랑스

프랑스어 톨레랑스(Tolerance)는 관용이라는 뜻으로 타인과의 차이를 받아들이고 용인하는 것이다. 이 말은 16세기 프랑스의 대표적인 계몽사상가 볼테르(Voltaire, 1694~1778)가 “당신의 사상에 반대하지만, 그 사상 때문에 탄압받는다면 나는 당신의 편에 서서 싸울 것이다.”라고 한 말에서 유래한다.

톨레랑스는 처음 종교에 대한 자유 개념에서 시작되었다. 종교계에 관련된 사람들은 자신이 믿고 있는 진리의 절대성과 우월성을 주장하기 때문에 자기와는 다른 종교를 거부하거나 배격하기 쉽다. 하지만 칼뱅, 루터의 종교개혁 이후 다른 종교에 대한 관용 정신이 생겨났으며, 이후 이어진 시민혁명으로 서로의 차이를 인정하는 민주주의의 기본 정신으로 자리 잡게 되었다. 즉 피부 색깔, 신체, 종교, 사상, 성 등 여러 차이에 대해서 차별이나 무관심이 아닌, 서로 다른 점으로 받아들이는 정신을 말한다.

다른 사람이 생각하고 행동하는 방식의 자유 및 다른 사람의 정치적, 종교적 의견의 자유에 대한 존중이다. 정치, 종교, 도덕, 학문, 사상, 양심 등의 영역에서 의견이 다를 때 논쟁은 하되 물리적 폭력에 호소하지는 말아야 한다는 이념을 말한다. 차이를 긍정하는 논리일 뿐만 아니라 극단을 부정하는 논리이기도 하다. 톨레랑스는 자신의 주장이나 보편타당성을 일방적으로 내세우지 않고 진리에 다가설 수 있도록 다름과 차이를 인정하며 함께 어울리자는 뜻을 담고 있다.

볼테르

- 톨레랑스와 존중은 어떤 관계가 있는가?

정리하기

- 존중은 공동체의 유지와 발전을 위해 반드시 갖추어야 할 덕목이다.
- 인권은 시대와 장소에 관계없이 누구나 태어나면서부터 누려야 할 권리이다.
- 인간 존엄성은 사회 구성원들이 서로 존중할 때 지켜질 수 있다.
- 자기 존중은 자긍심을 갖는 것이다.
- 나는 이 세상에 유일무이한 소중한 존재이다.
- 타인을 인간답게 존중하면서 인격적으로 대우해야 한다.
- 관심과 배려는 타인 존중을 위한 기본자세이다.
- 다른 사람의 생각과 가치를 존중하는 관용의 자세를 가져야 한다.
- 상대방이 나와 다름을 인정하고 존중해야 한다.
- 인간관계는 존중이 바탕이 된다.
- 상호 존중해야 원활한 인간관계가 이루어진다.
- 인간관계에서 독선과 아집을 부려서는 안 된다.
- 누구나 자신과 교류하는 사람들과 영향을 주고받게 된다.
- 인생의 중요한 전환점은 인간관계에서 생긴다.
- 친구를 사귀는 데 있어서 신중을 기해야 한다.
- 가까운 사람을 제대로 인정해 주는 일에 최선을 다해야 한다.
- 톨레랑스(Tolerance)는 관용이라는 뜻으로 타인과의 차이를 받아들이고 용인하는 것이다.

확인하기

1 현대 사회에서의 존중의 필요성에 대해 서술하시오.

2 왜 인권을 존중해야 하는지 서술하시오.

3 나를 존중하려면 어떤 자세를 가져야 하는지 적어 보세요.

4 나를 소중한 사람이 아니라고 생각한 적은 있었나요?
나를 존중하지 않을 때의 문제점을 적어 보세요.

5 타인 존중과 자기 존중의 관계에 대해 서술하시오.

6 인간관계에 있어서 소중한 친구가 없다면 어떤 기분이 들지 서술하시오.

7 '톨레랑스'의 뜻을 쓰세요.

정답 1~4. 각자 작성 5. 자기 존중은 타인 존중의 첫걸음이 되고, 타인 존중을 통해 자기를 보다 존중할 수 있게 된다. 6. 각자 작성 7. 남의 의견이나 행위에 대한 관용

6 배려

학습목표

- 배려의 의미를 이해하고 실천할 수 있다.
- 배려의 내용인 이타심, 친절, 용서를 이해하고 실천할 수 있다.

배려의 의미

현대 사회에서 이기주의가 팽배하면서 배려심이 퇴색되고 있는 상황에서 배려를 실천하는 것은 주요한 인성덕목이다.

배려는 상대방의 처지나 형편을 헤아려 도와주고 보살펴 주려는 마음을 가지고 행동하는 것이다. 상대방이 부족하고 필요한 부분이 있다면 기꺼이 내어주는 따뜻한 마음이다. 작은 것이라도 상대방을 배려하고 나누는 삶이 아름다운 삶이다. 배려는 해야 할 의무가 아니므로 강요할 수 없으며 배려하지 않았다고 해서 비난할 수는 없다.

배려는 상대방에게 무언가 도움이 될 것이라는 긍정적인 마음에서 비롯되어야 한다. 배려할 기회는 얼마든지 있다. 배려는 하는 사람에 따라 천차만별이며 받아들이는 사람의 표현 방법도 다양하다. 상대방의 권리를 침해하지 말아야 하며 배려의 정도가 부담을 주지 않는 적정 수준이 되어야 한다.

영국 속담

베풀 줄 모르는 사람은 타인이 베풀어주는 배려를 받을 자격이 없다.

배려 결핍

- 청년의 행동과 연인의 반응을 어떻게 보아야 할까?

청년이 청혼할 연인의 집을 향해 급하게 길을 걷고 있었다. 들뜬 마음에 청년은 앞도 살피지 않고 힘껏 달리기 시작했다. 하지만 청년이 도착한 연인의 집은 굳게 잠겨 있었다. 연인은 얼굴도 내비치지 않고 다른 사람을 통해 만나고 싶지 않다는 말을 전했다. 며칠 후 연인이 청년에게 보낸 편지가 왔다.

「나는 그날 당신을 기다리며 창문 밖을 내다보고 있었습니다. 당신이 우리 집을 향해 달려왔을 때 정말로 기뻤습니다. 그런데 마주 오던 누추한 옷차림의 여성과 부딪혀 넘어지게 하고는 미안하다는 말도 없이 그대로 오는 당신을 안타깝게 지켜보았습니다. 그 모습에 많은 생각을 하게 되었습니다. 약한 사람을 배려할 줄 모르는 사람과 어떻게 결혼을 하겠습니까?」

별생각 없이한 배려 없는 행동이 누군가에게는 큰 상처를 주고 자신에게는 어려움을 줄 수 있다. 상대방을 기쁘게 하고 사랑과 인정을 받고 싶다면 배려하는 모습을 보여야 한다.

배려하는 사람이야말로 성공적인 삶을 사는 사람이다. 손님이 많은 음식점에 가보면 음식 맛뿐만 아니라 친절한 말씨 등 꼼꼼하게 작은 배려를 실천한다. 번창하는 기업의 경우도 물건을 판매하는 데 그치는 것이 아니라 사후 서비스 등 소비자를 극진히 배려한다. 인간관계에서 주변으로부터 호감을 받는 사람도 세심한 배려를 하는 사람이다. 조그마한 배려가 더 큰 배려를 불러온다. 이처럼 배려를 하면 자신에게 돌아오는 것이므로 배려받기를 원한다면 먼저 배려를 베풀어야 한다.

더불어 사는 배려

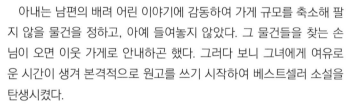

- 여류 작가의 남편은 어떤 마음에서 이런 제안을 한 것일까?

유명한 여류작가가 이름이 알려지기 전에 생활에 도움이 되고자 자그마한 가게를 차려 장사를 했는데 너무 잘 되었다. 하지만 같은 종류의 물건을 파는 옆집 가게는 장사가 너무 안 되었다.

그런 상황을 지켜보던 남편이 그녀에게 "우리 가게가 너무 잘 되고 있어서 이웃 가게들이 문을 닫을 지경이에요. 큰 욕심 없이 조그마한 보탬이 되고자 한 의도와는 어긋나는 것 같아요"라고 말했다.

아내는 남편의 배려 어린 이야기에 감동하여 가게 규모를 축소해 팔지 않을 물건을 정하고, 아예 들여놓지 않았다. 그 물건들을 찾는 손님이 오면 이웃 가게로 안내하곤 했다. 그러다 보니 그녀에게 여유로운 시간이 생겨 본격적으로 원고를 쓰기 시작하여 베스트셀러 소설을 탄생시켰다.

만약 이웃을 배려하지 않고 장사에 욕심을 부렸다면 돈을 더 벌 수 있었겠지만 유명한 소설가는 되지 못했을 것이다. 베푼 배려가 자신에게 돌아와 소중한 꿈을 이루게 된 것이다.

배려하는 마음을 가지고 행동하면 아름다운 세상이 만들어진다. 작은 배려가 세상을 훈훈하게 한다. 내가 베푼 배려와 나눔은 언젠가는 다시 돌아오게 되어 있다. 배려는 내가 손해 보면서 남을 위하는 일이 아니다. 다른 사람을 아끼고 사랑하는 것은 궁극적으로 나 자신을 아끼고 사랑하는 일이기도 하다.

이타심을 발휘하는 큰 배려

경쟁과 속도를 추구하는 현대 사회에서 이기심에 젖어 남에 대해 배려하지 않고 편법을 앞세워 앞만 보고 달리는 사람이 많다. 다른 사람들을 생각하지 않고 그들을 인간적으로 대하지 못하는 것이 현실이다.

이런 현실에서 이타적인 삶의 자세는 커다란 의미를 지닌다. 인간의 마음속에 내재해 있는 이타심과 양심은 누구나 발휘할 수 있는 심성이다. 눈에 보이지 않는 선의 힘과 자기 안에 있는 인간성이 작용하고 발휘되어야 한다. 그래야 비인간화의 방향으로 나아가는 현대 사회가 진정한 인간성 회복과 함께 바람직한 방향으로 나아갈 것이다.

더 나은 삶이 펼쳐지는 사회가 되기 위해서는 사회 구성원들이 자기 자신만을 생각하는 이기적인 삶이 아니라 타인을 배려하는 이타적인 삶의 자세를 가져야 한다. 남에게 보여주기 위한 봉사가 아닌 자신만의 인간성을 발휘하고 다른 사람을 대우하며 도울 때 진정한 봉사가 되는 것이다.

이타심과 행복

- 마리안 프레밍거가 말한 "남을 위한 삶이 이렇게 행복한 것을…" 음미하여 보자.

아프리카 가봉의 랑바레네에서 슈바이처가 운영하는 병원의 보조 간호사로 궂은일을 도맡아 처리하는 마리안 프레밍거(Marian Preminger, 1913~1979)라는 젊은 여성이 있었다. 헝가리 귀족의 딸로 태어난 그녀는 모든 악기의 연주에 능했으며 비엔나에서 유명한 연극배우로 명성을 떨치기도 했다.

1948년 그녀가 무엇 하나 부족함이 없이 파리에서 살고 있을 때, 슈바이처가 아프리카에서 잠시 돌아와 오르간 독주를 한다는 기사를 보고 찾아가 연주를 듣고 '지금까지 내 인생은 허상일 뿐이었다. 남을 위한 삶에 진정한 가치가 있다'라고 크게 깨닫고 아프리카 슈바이처 병원의 간호사로 자원하여 빨래나 부엌일 등 궂은 일을 담당하였다. 그녀는 나이가 들어 몸이 움직이지 않을 때까지 20년 동안 흑인 병자들을 위해 사랑을 베풀었다. 은퇴 후 뉴욕에서 살다가 1979년에 세상을 떠나면서 그녀가 남긴 말은 "남을 위한 삶이 이렇게 행복한 것을…"이었다.

타인을 행복하게 만드는 노력이 나를 행복하게 만든다. 행복한 사람은 어려운 처지에 있는 사람을 도와 행복하게 해 주는 사람이다. 인간의 행복은 베풂에서 나오므로 자신이 행복해지기 위해서는 먼저 남이 행복해지도록 도와야 한다. 대개는 자신만을 위해 열심히 노력하는 삶이 행복하리라 여기겠지만 실은 도움이 필요한 사람을 도울 때 더 행복감을 느낀다. 이것은 '베풂의 따뜻한 빛'이며 '돕는 사람의 희열'이다.

친절한 배려

친절이란 남을 대하는 태도에 성의가 있고, 친근하고 다정한 태도를 말하며 상냥한 말씨나 관대한 행위로 나타난다. 친절은 남에게 베푸는 따뜻한 체온이며, 친절한 말은 봄볕과 같이 따사롭다. 배려를 실천하는 기본은 친절이다. 인격을 갖춘 사람은 친절하다. 남에게 친절한 것은 자신의 인격을 높이는 것이다.

친절은 친절을 불러일으키고 기쁨이 증대된다. 친절함을 실천하는 작은 노력이 세상을 행복하게 만드는 것이다.

엔니우스 시

> 길 잃고 방황하는 자에게
> 친절하게 길을 가르쳐주는 사람은
> 마치 자신의 등불로 다른 사람의 등에
> 불을 붙여 주는 것과 같도다
> 그런데 남에게 불을 붙여 주었다고 해서
> 자신의 불빛이 덜 빛나는 것이 아니니라

퀸투스 엔니우스
(Quintus Ennius, BC 239~BC 169)
고대 로마 시인. 로마 문학의 창시자. 로마 역사를 담은 대서사시 〈연대기 Annales〉는 국민적인 서사시임.

친절은 일상생활의 사소한 배려에서 나타나는 일이다. 친절은 도덕이나 윤리에 부합되기 때문에 행하는 것이 아니라 타인을 생각한 배려이기 때문에 행하는 것이다. 다른 사람의 마음을 얻는 일이 거창하고 어려운 일이 아닐 수도 있다. 친절한 말 한마디가 결정적인 역할을 할 수도 있다. 배려하는 마음으로 친절함을 더 해야 한다.

완벽한 친절은 자신이 친절한 행위를 하고 있다는 것을 의식하지 못할 정도로 친절을 베풀 때 나타난다. 하지만 지나친 친절은 상대방에게 가식으로 비쳐질 수 있으므로 실례가 되지 않도록 유의해야 한다. 상황에 따라 적절한 수준으로 진심을 다해 친절하면 될 것이다.

자기에게 이해관계가 있을 때만 친절하게 대하지 말고 이해관계를 떠나 누구에게나 친절하게 대해야 한다. 겉보기에 친절한 사람이 아니라 진실로 마음을 다하는 친절한 사람이 되어야 한다. 그렇게 하려면 친절이 몸에 배어 습관화되어야 한다.

어떻게 친절을 베풀까에 대해서는 남이 나에게 해주기를 바라는 대로 남에게 해주면 되는 것이며, 남에게 받은 친절에 대해 같은 친절로 보답하는 것은 아름다운 행위이다. 따뜻한 마음으로 너그럽고 상냥한 태도를 보여야 한다. 예의 바르고, 붙임성 있고, 친밀함을 보여야 한다.

용서하는 배려

용서와 은혜

- 왜 용서는 모래에 적고, 은혜를 입은 일은 돌에 적어야 한다고 할까?

두 친구가 사막 여행을 하다가 말다툼이 벌어져 한 친구가 다른 친구의 뺨을 때렸다. 뺨을 맞은 친구는 반응하지 않고 모래 위에 글을 적었다. '오늘 가장 친한 친구가 내 뺨을 때렸다.'

두 친구는 오아시스가 나올 때까지 말없이 걸었고 도착하여 쉬다가 뺨을 맞았던 친구가 근처 늪에 빠지자 뺨을 때렸던 친구가 달려가 구해 주었다. 늪에서 빠져나온 친구는 이번에는 돌에 글을 적었다. '오늘 나의 가장 친한 친구가 내 생명을 구해주었다.'

그 친구를 때렸고, 또한 구해준 친구가 물었다. "내가 너를 때렸을 때는 모래에다 적었는데, 왜 너를 구해준 후에는 돌에다 적었니?"

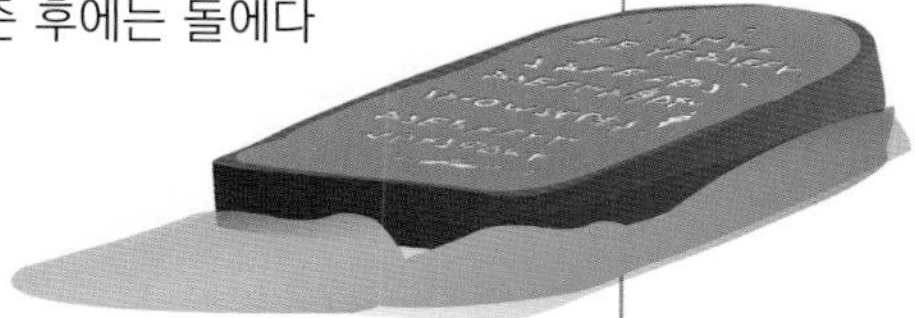

그러자 친구가 대답했다. "용서해야 하는 일은 모래에 그 사실을 적어야 바람이 불어와 지워버릴 수 있지. 하지만 은혜를 입은 일은 잊지 않기 위해 돌에 적어야 하는 거야. 누군가가 우리에게 좋은 일을 했을 때는 그 사실을 돌에 적어야 해. 그래야 바람이 불어와도 지워지지 않을 테니까."

누구든지 살다보면 용서하고 용서받아야 할 일이 많다. 용서는 곧 사랑이며 고결하고 아름다운 사랑의 형태로 평화와 행복을 보답으로 주지만 사랑이 없으면 쉽게 용서하지 못한다.

용서는 삶 속에서 실천하는 큰 수행으로 마음의 문을 닫아걸고 있던 걸쇠를 푸는 일이며, 상처 준 사람을 받아들이면서 양심의 쇠사슬에 묶여있던 가해자를 안심시키는 일이다. 용서의 실천은 자신과 가해자를 치료하면서 갇힌 에너지를 내보내어 선한 일에 쓸 수 있게 한다.

용서는 상대방을 위한 배려이기도 하지만 자신 안에 내재하여 있는 분노와 불평으로부터 자유로워지는 것으로 자신에게 베푸는 배려이며 사랑이다. 자신을 위해 상처를 떨쳐버리는 것으로 세상과 타인에 대한 원망과 집착에서 벗어나면서 분노가 녹아내리고 상처가 아물어 평온을 되찾는다.

읽기 자료

메디치 가문의 용서

이탈리아 메디치 가문의 '피에로 데 메디치'는 이탈리아 국부로 불렸던 '코시모 데 메디치'의 맏아들이며 훌륭한 아들인 '로렌초 데 메디치'를 두었지만 정작 자신은 통풍으로 병상에서 생활해야 했다.

아버지 코시모가 임종한 지 2년이 지난 시점에 반란 사건이 일어났다. 메디치 가문의 임시 수장인 피에로를 제거하려는 음모가 추진된 것이다. 그러나 발 빠른 대응으로 반란은 얼마 못가 진압되고 반란자들은 모두 체포되었다. 반란을 일으키면 사형을 시키게 되어 있지만, 피에로는 반란자들에게 이렇게 말했다.

"나는 여러분을 모두 사면하려고 합니다. 내가 보복을 위해 여러분을 죽이면 누군가 다시 나에게 보복하려 할 것입니다. 저는 이런 악순환을 원치 않습니다. 여러분 모두 사면할 테니 이제부터 조국에 도움을 주는 새로운 인생을 살아주기 바랍니다."

피에로의 관용에 큰 감동을 한 반란자들은 용서를 구하고 메디치 가문의 신하가 되어 평생 충성을 바쳐 일했다. 피에로의 아들 로렌초도 아버지가 내린 사면 조치에 대해 친구들에게 이렇게 설명했다.
"용서할 줄 아는 사람만이 정복할 줄 안다."

메디치 가문(House of Medici)
이탈리아에서 은행업으로 부를 축적한 유럽 최고의 귀족 가문. 300여 년간 피렌체를 통치. 로마 교황 두 사람과 프랑스 왕비 두 사람을 배출. 수많은 예술가와 인문학자, 과학자를 후원하고 교류를 넓혀 르네상스 시대를 열게 함.

〈피에로 데 메디치의 흉상〉
1453년 미노 작품.
피렌체 바르젤로 국립박물관 소장.

- 피에로 메디치가 반란자를 용서한 것에 대해 어떻게 생각하는가?
- "용서할 줄 아는 사람만이 정복할 줄 안다"는 말을 음미해 보자.

정리하기

- 배려는 상대방의 처지나 형편을 헤아려 도와주고 보살펴 주는 행동이다.
- 배려의 정도가 상대방에게 부담을 주지 않는 적정 수준이 되어야 한다.
- 조그마한 배려가 더 큰 배려를 불러온다.
- 주변으로부터 호감을 받는 사람은 세심한 배려를 하는 사람이다.
- 배려하는 마음을 가지고 행동하면 아름다운 세상이 만들어진다.
- 이타심과 양심은 누구나 발휘할 수 있는 심성이다.
- 타인을 배려하는 이타적인 삶의 자세를 가져야 한다.
- 타인을 행복하게 만드는 노력이 나를 행복하게 만든다.
- 친절은 남을 대할 때 성의가 있고, 친근하고 다정한 태도이다.
- 친절은 일상생활의 사소한 배려에서 나타나는 일이다.
- 이해관계를 떠나 친절해야 한다.
- 받은 친절에 대해 같은 친절로 보답하는 것은 아름다운 행위이다.
- 용서는 고결하고 아름다운 사랑의 형태이다.
- 용서는 삶 속에서 실천하는 큰 수행이다.
- 용서는 타인과 자신에게 베푸는 은혜이다.
- 용서는 자신을 위해 상처를 떨쳐버리는 것이다.
- 용서하면 분노가 녹아내리고 상처가 아물어 평온을 되찾는다.

확인하기

1 문장을 읽고 O·X를 표시 하세요.

배려는 해야 할 의무가 아니지만 배려하지 않으면 비난해야 한다. (　　)

2 상호 배려하기 위해서 어떻게 해야 할까요?

---

3 아래 대화의 마지막에 환자는 무엇이라고 대답했을까요?

> 불친절한 의사가 불치병 환자에게 딱딱하게 말했다.
>
> "당신은 얼마 살지 못할 것 같소. 그동안 하고 싶은 일이 있으면 마음껏 하시오."
> 환자는 충격을 받고 괴로운 표정을 지었다. 그래도 의사는 퉁명스럽게 말을 이었다.
> "누구 만나고 싶은 사람 있습니까?"
> 환자가 대답했다.

(　　　　　　　　　　　　　　　　　　　　　　　　)

4 빈칸에 적절한 단어를 기입하세요.

인간의 행복은 (　　　　　　)에서 나온다.

용서해야 할 일은 (　　　　　　)에 적고, 은혜를 입은 일은 돌에 적어야 한다.

5 배려의 관점에서 아름다운 사람은 어떤 사람인가요?

정답 1. X 2. 각자 작성 3. "예, 다른 의사요." 4. 베풂, 모래 5. 각자 작성

7 소통

학습목표
- 소통의 의미를 이해하고 소통하는 방법을 설명할 수 있다.
- 소통을 통한 공감의 의미를 이해할 수 있다.
- 소통과 공감을 통한 갈등 해결의 방법을 설명할 수 있다.

삶과 소통

삶의 모든 일은 사람과의 관계에서 마음을 얻어야 이루어진다. 사람의 마음을 움직이기란 결코 쉬운 일이 아니다. 각양각색의 마음과 순간에도 수많은 생각이 떠오르는데 그 바람 같은 마음을 머물게 한다는 건 정말 어려운 일이다.

인간관계에서도 성격과 말하는 방법, 행동이 서로 다르다 보니 의사소통에 문제가 생긴다. 의사소통 능력을 키우기 위해서는 상대방과 나의 사고방식과 사용하는 말의 뜻이 다를 수 있다는 점을 인정해야 한다.

상대방의 입장에서 사안을 바라보면서 상대방의 생각을 이해하는 데서 출발해야 한다. 자신의 마음을 먼저 열고 상대방을 공감시키는 능력이 중요하다. 상대방의 마음을 사로잡는 말을 해야 한다. 단지 듣기 좋은 소리보다 마음에 남는 말을 해야 하며 '뻔'한 이야기보다 '펀(fun)'한 이야기를 해야 한다.

소통에서 범할 수 있는 최대 실수는 자신의 견해와 감정 표현에 최우선 순위를 두는 것이다. 자기 생각을 전달하는 것도 중요하지만 상대방의 생각을 들어주고 이해하고 존중해주어야 한다.

소통에서 말하는 '1:2:3의 법칙'은 하나를 말하고 둘을 듣고 셋을 맞장구치라는 것이다. 맞장구는 대화의 하이파이브로 상대방의 말에 귀를 기울이면서 동조함을 나타내어 유대감과 공감을 형성한다. '맞장구'도 상황에 맞게 해야 하며 과장하거나 건성이 아니라 진심을 담아서 해야 한다.

소통 능력을 키우려면 다양한 경험과 독서를 통한 식견과 포용력을 길러야 한다. 논리적이고 적절한 비유, 감성적 언어, 유머를 곁들인 언어 구사가 필요하다. 말에 진정성을 담고 정곡을 찌르는 촌철살인의 언어를 구사한다면 단순한 소통 능력을 넘은 공감 능력을 보여주는 것이다.

소통하는 방법

말

삶을 영위하면서 주된 소통 도구는 말이므로 말을 다스리는 것이 중요하다. 말은 기본적으로 의사소통을 위한 도구로 개인의 감정이나 사상을 표현한다. 인간이 공동 사회를 이루어 더불어 살 수 있게 된 것은 언어라는 도구가 있기에 가능하다. 언어를 사용하는 사람들이 공유하는 기준과 규칙이 있기에 소통할 수 있다.

말은 행복의 문을 여는 중요한 열쇠다. 말은 생각을 형성하고 생각은 행동을 결정하며 인생을 만들어 간다. 꿈을 실현하는 사람은 긍정적이고 적극적인 말을 한다. 부정적인 말투를 긍정적인 말투로 바꾸지 않고서는 부정적인 사고방식에서 긍정적인 사고방식으로 변하기 어렵다. 꿈을 실현하고 싶다면 '할 수 있다'는 긍정의 말을 입에 달고 살아야 한다.

말을 잘한다는 것은 거침없이 매끄럽게 하는 것이 아니라 말의 표현과 내용이 품위 있고 알차야 한다. 책이나 강의를 통해 좋은 표현을 배우고, 생각을 문장으로 정리하는 훈련으로 표현력을 갈고닦아 자신만의 스타일을 만들어야 한다.

입 '구(口)' 세 개가 모이면 '품(品)' 자가 된다. 사람의 품격은 입에서 나온다는 뜻이다. 비속어가 아니라 예의를 갖춘 적절한 단어와 내용, 화술로 말을 해야 품격 있는 사람이 된다. 말을 어떤 내용으로 어떤 방식으로 하는지가 중요하다. 그러므로 말을 다스리는 능력을 갖춰야 사람을 움직여 진정한 소통을 할 수 있다.

경청

넬슨 만델라(Nelson Mandela 1918~2013) 남아프리카 공화국의 제8대 대통령. 대통령으로 당선되기 전에 인종차별에 맞선 투쟁을 선도하다 투옥되어 26년을 감옥에서 지냄. 노벨평화상 수상.

넬슨 만델라 어록

> 대화의 첫 규칙은 듣는 것이다. 말하고 있을 때는 아무것도 배울 수 없다. 대담 중 내가 하는 말에서는 아무것도 배울 것이 없다는 사실을 매일 아침 깨닫는다. 오늘도 많은 것을 배우기 위해서는 그저 상대의 말을 경청하는 것뿐이다.

경청의 첫 규칙은 주의를 기울여 많이 듣는 것이다. 상대방보다 적게 말하겠다는 인내심을 발휘해야 한다. 남의 말을 가로막지 말고 다 듣지도 않고 대답하지 말아야 한다. 상대방의 말속에는 원인과 결과, 문제와 답이 있다. 말하는 바를 귀담아 듣고, 차마 말로 옮기지 않는 바를 구분하여 들어야 한다. 세심한 주의를 기울이면서 제대로 들어야 상대방의 의도를 오해하지 않고 받아들일 수 있다.

말하기는 요령과 기술이지만 듣는 것도 자세이며 기술이다. 다른 사람과 대화하는 것은 하프를 연주하는 것에 비유할 수 있다.

하프를 잘 연주하려면 현을 하나하나 뜯는 일도 중요하지만, 현을 누르고 그 진동을 억제하는 것도 그에 못지않게 대단한 기술이다.

말을 들을 때는 상대방의 눈을 자주 보아야 한다. 마음으로부터 나오는 말이 있고, 혀끝으로 나오는 말도 있다. 마음으로부터 짓는 표정이 있고 겉으로 보여주는 표정도 있다. 상대방이 말하는 내용은 물론 말을 하게 된 동기와 정서까지도 이해하려는 마음으로 새겨들어야 한다. 특히 말하는 사람의 표정과 눈빛, 음성의 강약, 동작 등 신체적 언어까지도 신경을 써서 들어야 한다.

상대방이 말을 할 때 무덤덤해서는 안 되며, 상대방 말의 내용에 따라서 표정을 짓고 때로는 맞장구를 치면서 감동하는 모습을 보인다면 상대방도 감동하게 된다. 맞장구는 '대화의 하이파이브'이며 상대방의 말에 귀를 기울이고 있음을 드러내고, 깊은 유대와 공감의 분위기를 형성한다. 맞장구는 진심을 담아서 해야 하며 과장하거나 건성으로 하지 말고 듣는 사람이 기쁘도록 해주어야 한다.

글

전통적인 방법은 서로 말을 주고받으며 소통하는 방식이지만, 이제는 SNS 등 각종 커뮤니케이션 서비스와 다양한 애플리케이션으로 단문 텍스트와 이미지가 주요한 소통 수단이 되고 있다.

서로 만나 얼굴을 보면서 소통을 하면 감정이나 심리 상태를 파악할 수 있으나 글을 통해 전달하면 비언어적 표현인 몸짓, 표정, 목소리, 소소한 심리상태 등은 표현하기 어렵다. 상대방은 글만 보고 자기 방식으로 해석하기 때문에 사용한 어휘 등 표현 방식에 따라 오해의 소지가 크다.

온라인에서 줄인 단어, 줄인 글이 일상생활에서도 쓰이면서 의미 전달이 더 어려워지고 있다. 또한 기분이나 분위기를 표현하는 데 쓰이는 이모티콘을 과도하게 사용함으로써 원활한 소통이 이루어지지 않기도 한다.

그러므로 글로 표현할 때는 정확한 단어와 문장을 사용해야 한다. 의견이나 견해를 나타내고자 할 때에는 가급적 이모티콘 사용을 자제해야 한다.

칭찬

데일 카네기(Dale Carnegie, 1888~1955) 미국의 작가이자 컨설턴트. 대표 저서로 ≪카네기 인간관계론≫ ≪카네기 성공대화론≫ 등이 있음.

데일 카네기 어록

> 누구나 잘못을 저지르기 쉽다. 아홉 가지의 잘못을 찾아 꾸짖는 것보다는 단 한 가지의 잘한 일을 발견하여 칭찬해 주는 것이 그 사람을 올바르게 인도하는 데 큰 힘이 될 수 있다.

인간은 인정받기를 갈망하는 존재이다. 칭찬은 깊숙이 자리한 인간 본성이므로 칭찬하는 것은 소통을 원활하게 한다. 칭찬은 영혼에 주는 산소와 같으며 삶에서 느끼는 최고의 순간은 칭찬을 받을 때이다. 칭찬은 귀로 먹는 보약으로 많이 받아도 신물이 나지 않으며 인생을 춤추게 한다.

누군가에게 칭찬하는 말 한마디는 자신의 양동이에서 한 국자를 떠서 남의 양동이를 채워주는 것과 같은데 아무리 칭찬을 많이 해도 자신의 양동이는 줄어들지 않는다.

칭찬은 삶의 버팀목이 되는 자존감을 형성시켜 자신감과 자긍심을 불어넣어 동기를 부여하며, 창의적 사고와 행동을 일으키고 지속시키는 에너지원이다. 칭찬하면 긍정적인 면이 강화되고 더 잘하고 싶다는 마음이 들면서 잠재력이 발휘되지만 비판을 일삼으면 변명하면서 방어적이 되고 회피하게 된다. 칭찬받지 못하는 사람은 훌륭한 일을 해내기 어렵다. 상대방의 긍정적인 면을 발견하기 위해 노력하면서 칭찬하다 보면 내가 부족한 점이 무엇인지를 깨닫게 되고 채우기 위해 노력하게 될 것이다.

인간은 누구나 칭찬 듣고 인정받기를 원한다. 칭찬은 자동차 타이어 속에 들어 있는 공기와 마찬가지로 삶의 고속도로를 쌩쌩 달릴 수 있게 하는 도구로 동기를 유발하게 한다. 믿어주는 것이 최고의 칭찬이며 사람을 움직이는 큰 힘이다.

웃음과 유머

레이건의 유머

- 레이건이 한 유머는 무엇일까?

레이건은 미국 대통령으로 취임한 지 몇 달 만인 1981년 3월 30일 저격을 당했고, 심장에서 불과 1인치 떨어진 곳을 관통한 총알은 폐를 손상시켰다. 간호사들이 지혈하기 위해 레이건의 몸을 만졌다. 레이건은 아픈 와중에도 간호사들에게 농담을 했다. “우리 낸시에게 허락을 받았나?”

수술이 끝난 후에 찾아온 아내 낸시에게 조크를 던졌다. “여보 미안해. 총알이 날아왔을 때 영화에서처럼 납작 엎드리는 걸 깜빡 잊었어.”

자신의 생명이 어떻게 될지 모르는 긴박하고 참담한 상황에서 보여준 여유와 용기는 대통령인 그의 생사와 나라를 염려하는 국민의 걱정을 덜어주었다.

로널드 레이건(Ronald Reagan, 1911~2004)
미국의 제40대 대통령.

유머를 잘 활용하면 분위기를 좋게 하고 유쾌하게 만들어 소통을 원활하게 만든다. 유머와 웃음은 공감대를 형성하는 좋은 수단이다.

삶을 영위하면서 웃음은 필수불가결하다. 인간만이 웃을 수 있는 웃음은 영혼의 음악이다. 얼굴은 마음 상태를 예민하게 반영하는 부분으로 웃는 얼굴이 보석이라면, 찡그린 얼굴은 오염물질이다. 웃음은 인생이라는 토스트에 바른 잼이다. 잼이 빵의 풍미를 더 해주고, 빵을 마르지 않게 하며, 먹기 쉽게 해주듯이 웃음은 삶에 맛을 더해주고 메마르지 않게 하며 즐겁고 살만한 세상이 되게 해준다.

웃음은 아무리 웃어도 비용이 들지 않고 줄어들지 않는 보물이다. 행복하므로 웃는 것이 아니라 웃기 때문에 행복해진다. 웃음은 삶에 화를 쫓아내고 복을 부르는 기적을 가져오는 열쇠다.

웃음은 자신과 상대방을 밝게 만들고 긴장을 풀어주어 평정심을 갖게 하는 마술이다. 매력적으로 아름답게 웃는 얼굴은 자신과 상대방마저 행복하게 만든다. 웃음은 사람을 다가오게 하는 마력이 있다. 웃는 사람은 개방적인 사람이며 친절한 사람이며 즐겁고 행복한 사람이라는 좋은 이미지를 주면서 상대방 마음의 문을 열게 한다.

웃음은 내면에 있는 긍정 에너지가 발현되는 것으로 엔도르핀을 분비시켜 건강에도 좋다. 엔도르핀은 기분을 좋아지게 해줄 뿐만 아니라 삶을 긍정적으로 바라보게 한다. 삶의 어려움을 이겨내게 하는 처방전으로 인생이 아무리 힘겹게 느껴지더라도 웃을 수 있다면 무엇이든 이겨낼 수 있다. 웃지 않는 하루는 그냥 하루를 낭비하는 것이다. 삶과 자신을 위해 웃을 수 있는 사람이 되어야 한다.

비언어적 표현 : 눈 마주침, 몸짓

상호 공감을 통한 눈 마주침이나 몸짓이 상대방의 마음을 움직이고 자극한다. 눈 마주침은 서로의 감정 상태를 알 수 있고 집중할 수 있다. 따뜻한 손길, 친절한 다독임, 가벼운 포옹 등 적절한 스킨십은 상대방의 감정이나 상황을 존중한다는 것을 보여준다. 스킨십은 말로 보여줄 수 없는 진한 감정을 전달할 수 있다.

소통과 공감

소통을 잘하려면 공감대가 먼저 형성되어야 한다. 공감대가 형성되지 않으면 제대로 된 소통이 이루어질 수 없다. 공감대를 형성하기 위해서는 상대방에 대해 관심을 가지고 어떤 사람인지, 어떤 상황에 놓여 있는지, 무슨 생각을 하고 있는지를 알고 이해해야 한다. 서로를 믿지 못하는 상태에서는 공감대가 형성될 수 없으므로 서로를 믿어야 한다. 신뢰는 상대방에 비치는 삶의 태도, 말이나 행동, 마음씨가 결정한다. 약속을 지키고 공정하고 따뜻한 행동을 보여주어야 한다.

상대방에 대한 이해와 신뢰의 바탕 위에서 상호 솔직해야 한다. 상대방이 솔직하지 않다고 느끼는 상황에서는 공감대가 형성되지 않는다. 먼저 상대방의 의견을 경청하고 의도를 분명하게 인지해야 한다. 그런 다음에 자신의 의견을 구체적으로 말하고 이해했는지를 확인한다. 이렇게 자신이 마음의 문을 열면 상대방도 마음의 문을 열어 공감대가 형성된다.

공감대 형성은 내용을 떠나 태도가 결정적인 영향을 미치기도 한다. 겸손한 자세로 상대방의 입장이 되어 정서를 이해하고 문화나 취미에 대해 배려하면 금방 공감대가 형성되기도 한다. 상대방에 대하여 진정으로 관심이 있다는 사실을 알게 해주면서 감동을 주기 때문이다. 누군가와 공감하려면 먼저 그의 진실한 친구라는 것을 느끼게 해야 한다. 그래야 사람의 마음을 사로잡을 수 있다.

소통과 공감으로 갈등 해결

≪논어≫자로(子路) 편에서

'화이부동(和而不同)'이라는 말이 있다. 화(和)는 다양성과 차이를 인정하는 관용과 공존의 논리이며 질적 발전을 가능하게 하지만, 동(同)은 다양성을 인정하지 않고 획일적 가치만을 용인하는 것으로서 지배와 흡수 합병의 논리이다. 갈등을 해소하기 위해서는 동이불화(同而不和)가 아니라 화이부동(和而不同)이 요구된다.

군자는 다름을 인정하면서 함께 할 줄 알고 소인은 끼리끼리 놀 뿐 함께 할 줄 모른다. '남과 사이좋게 지내되 의(義)를 굽혀 좇지는 아니한다'는 뜻으로서 남과 화목하게 지내지만 자기의 중심과 원칙을 잃지 않음을 의미한다.

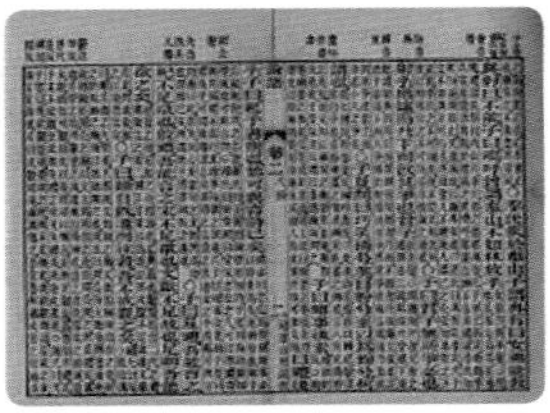

≪논어 論語≫는 BC 450년경에 만들어진 책으로 공자의 언행록임. 공자를 중심으로 그의 제자들과 제후와의 문답 등을 기록했음. 공자가 세상을 떠난 후 그의 제자들이 서로의 기록을 모아 논찬했기 때문에 이름 붙여진 것임.

갈등을 잘못 관리하면 불화와 반목의 늪에 빠져서 정체와 후퇴를 가져오지만, 관리를 잘하면 발전을 가져온다. 갈등은 서로 다른 목표를 바라보고 있어 생기는 것으로 갈등관리를 위해서는 목표를 한군데로 모아야 한다.

먼저 갈등의 원인과 내용이 무엇인지를 알아야 한다. 겉으로 드러난 원인뿐만 아니라 내재적인 요인이 있을 수 있으므로 진정한 갈등 원인과 내용을 파악하는 것이 중요하다. 갈등의 원인이 반감 때문인지 가치관 대립인지, 방법이나 기호나 취미의 대립인지, 이해관계 대립인지, 감정 대립인지, 심지어 오해에서 비롯된 것인지를 파악하고 분석해야 한다.

다음으로 갈등관리의 핵심인 "서로 다른 목표"에 대한 소통이다. 자신의 의견을 주장할 것이 아니라 먼저 상대방의 의견을 들어야 한다. 자신의 관점이 아니라 상대방의 입장에서 듣고 이해하려는 노력이 중요하다. 듣는 과정에서 수시로 질문하는 것이 소통을 강화한다. 상대방의 기본 입장과 의도는 무엇인지, 그런 입장과 의도에는 어떤 배경과 가치관을 따르고 있는지를 파악하게 되면 상대방의 주장을 폭넓고 깊이 있게 이해할 수 있다.

읽기 자료

오바마의 공감대 형성

2015년 6월 17일 미국 사우스캐롤라이나 주에서 백인 청년이 '인종 전쟁'을 시작하겠다며 벌인 비극적인 총기 난사 사건에서 아홉 명이 목숨을 잃었다. 6월 26일 오바마 대통령은 총기 난사 희생자 장례식에 참석하여 40여 분의 추모연설이 끝날 무렵에 말을 멈추고 고개를 숙였다. 한동안 침묵하던 그의 입에서 흘러나온 것은 찬송가 '어메이징 그레이스(놀라운 은총)'였다. 누구도 예상하지 못했던 '깜짝 이벤트'였다. 박수 환호가 터져 나왔고 단상에 앉아있던 내빈들도 차례로 일제히 일어섰고, 오르간은 반주를 시작했고, 성가대와 6천여 명에 달하는 추모객이 오바마와 함께 '어메이징 그레이스'를 합창했다. '어메이징 그레이스' 찬송가가 어우러지며 추모식장은 순식간에 커다란 감동의 무대로 변했다.

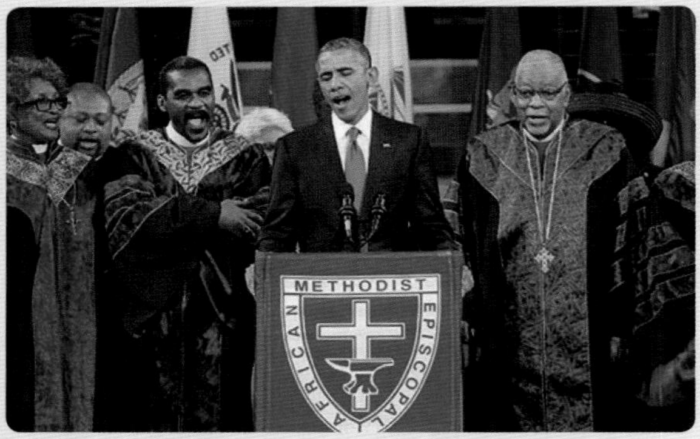

합창이 끝나자 오바마는 테러로 숨진 아홉 명의 이름을 각각 부르며 그레이스를 붙여 소리 높여 외치면서 추모하고 유족을 위로했다. 그러면서 열정을 담은 몇 마디의 말로 연설을 마쳤다. 추모객들은 박수를 보내고 오바마는 유족들과 포옹하면서 위로했다. 생방송으로 중계된 연설에서 오바마가 부른 '어메이징 그레이스'는 말로만 외치는 통상의 연설을 뛰어넘어 추모객들과 전 세계 수많은 사람들에게 슬픔과 은총이 뒤섞인 감동어린 공감을 불러 일으켰다.

버락 오바마(Barack Obama, 1961~)
미국의 제44대 대통령(2008~2016). 미국 최초로 당선된 아프리카계 미국인 대통령.

어메이징 그레이스(Amazing Grace)
영국 성공회 사제인 존 뉴턴 신부가 자전적 삶을 가사로 쓴 가스펠송. 뉴턴 신부가 흑인 노예무역에 관여했던 자신의 과거를 후회하고 이런 죄를 사해준 신의 은총에 감사한다는 내용을 담았음.

논술 교실

칭찬의 기능

[예시 답안]

칭찬은 서로에게 신뢰와 작은 기쁨을 주면서 인간의 신뢰를 깊게 해 준다. 타인에 대한 관심과 사랑의 구체적 표현이 칭찬이다. 칭찬은 삶을 행복하게 변화시키는 화목의 촉매제이자 사랑의 윤활유, 협력의 접착제다. 칭찬은 열 마디의 꾸중과 훈계보다 강한 동기부여를 불어넣어 큰 위력을 발휘한다.

사람들은 다른 사람으로부터 관심의 대상이 되기를 원한다. 작은 것일지라도 인정받기를 원한다. 칭찬을 통해 관심을 표현하고 인정하는 마음을 전달하면 원만한 성격으로 긍정적인 행동의 변화를 이룬다. 긍지를 갖고 원만한 대인 관계를 유지하며, 적극적으로 자신의 목표를 향해 달려가게 될 것이다. 사람과의 대화에 있어서 제일 듣고 싶어 하는 내용은 인정과 관심이다. 상대방을 이해하고 편하게 하고 존경하는 마음에서 칭찬이 시작되는 것이다.

칭찬은 단순한 말주변이 아니다. 꾸준히 노력하고 연습해야 하는 실천적인 기술이다. 따라서 칭찬을 잘 할 수 있는 효과적인 요령을 익혀야 한다. 칭찬은 열 마디의 꾸중과 훈계보다 큰 위력을 발휘한다.

칭찬은 단순히 남에 대해 좋은 말만 하는 것은 아니다. 남의 탓이 아니라 내 탓으로 돌리는 정신에서 출발한다. 오늘날 우리 생활에도 어떤 잘못된 일이 발생하면 그에 대한 책임을 질줄 모르고 남에게 책임을 떠넘기는 경향이 많이 있다. 칭찬은 남을 원망하고 탓하는 것이 아니라 자기 자신의 책임에서 비롯된다는 것을 자각할 때에 가능한 행위이다.

우리는 사소한 것에 마음 상하고 상처받는다. 그리고 작은 것에 기뻐하고 감사한다. 칭찬 한 마디가 정말 기적을 만들어 낼지도 모른다. 칭찬 한 마디가 기적으로 우리를 이끌지 모른다. 칭찬 한마디가 우리에게 행복을 줄 지 모른다. 칭찬 한 마디가 우리를 행복하게 할 것이다. 이렇게 우리가 칭찬을 실천하는 사이에 이미 칭찬 받는 사람이 되어있을 것이다. 점점 사람들의 정신과 육체가 피폐해져 가는 세상에서 더불어 사는 사회, 서로의 신뢰를 높이고 따뜻한 인간애를 나누며 살기 위해 '칭찬'이라는 훌륭한 표현의 도구를 사용해 실천해야 한다. 그런 행동들이 인간의 신뢰를 깊게 해주는 것이다.

정리하기

- 사람의 마음을 움직이기란 쉬운 일이 아니다.
- 인간관계에서 의사소통에 문제가 생긴다.
- 소통은 상대방의 생각을 이해하는 데서 출발해야 한다.
- 소통은 자신의 마음을 먼저 열고 상대방을 공감시키는 능력이 중요하다.
- 소통할 때 상대방의 생각을 들어주고 이해하고 존중해주어야 한다.
- 소통 능력을 키우려면 다양한 경험과 독서를 통한 식견과 포용력을 길러야 한다.
- 소통 수단으로는 말, 경청, 글, 칭찬, 유머, 눈 마주침, 몸짓 등이 있다.
- 주된 소통 도구는 말이므로 말을 다스리는 것이 중요하다.
- 입 '구(口)' 세 개가 모이면 '품(品)' 자가 된다.
- 경청의 첫 규칙은 주의를 기울여 많이 듣는 것이다.
- 글로 표현할 때는 정확한 단어와 문장을 사용해야 한다.
- 칭찬하는 것은 소통을 원활하게 한다.
- 유머를 잘 활용하면 소통을 원활하게 만든다.
- 상호 공감을 통한 눈 마주침이나 몸짓이 상대방의 마음을 움직이고 자극한다.
- 소통을 잘하려면 공감대가 먼저 형성되어야 한다.
- 공감대 형성을 위해서는 상호 솔직해야 한다.
- 겸손한 자세로 상대방의 입장이 되어 정서를 이해해야 한다.
- 갈등을 잘못 관리하면 정체와 후퇴를 가져오지만, 관리를 잘하면 발전을 가져온다.
- 먼저 갈등의 원인과 내용이 무엇인지를 알아야 한다.
- 갈등 해결을 위해서는 상대방의 입장에서 듣고 이해하려는 노력이 중요하다.

확인하기

1 소통 능력을 키우려면 어떻게 해야 할까요?

2 소통에서의 경청의 중요성에 대해 서술하시오.

3 소통에서 눈 마주침과 몸짓의 효과에 대해 적어 보세요.

4 소통과 공감과의 관계에 대해 서술하시오.

5 갈등을 관리하는 방법에 대해 서술하시오.

6 빈칸에 적절한 단어를 기입하세요.

갈등을 관리하는 방법 중에서 갈등을 해소하기 위해서는 동이불화(同而不和)가 아니라 (   )이 요구된다.

정답 1~5. 각자 작성 6. 화이부동(和而不同)

8 협동

학습목표
- 협동의 의미와 이유를 이해할 수 있다.
- 협동과 관련한 근면의 의미를 이해할 수 있다.

협동의 의미

이기주의가 팽배하여 협동심이 부족한 현대 사회에서 서로 힘을 합하여 과업을 해결하는 협동은 더불어 살아가는 공동체에서 매우 필요한 기본적인 덕목이다.

협동이란 개인이나 집단이 공통의 목적과 목표를 달성하기 위해 활동을 결합하고 서로 도우면서 함께 일하는 것이다. 협동은 나만의 이익과 요구보다는 남도 같이 생각하면서 공동의 가치를 추구하는 것이다.

'나'보다는 '우리'를 먼저 생각하면서 자신만을 향상시키는 게 아니라 동료와 함께 발전해 나갈 수 있는 수단을 취해야 한다.

백지장도 맞들면 가볍다는 말이 있듯이 우리 조상들은 두레 같은 공동 모임을 만들어 함께 농사를 지었고, 품앗이를 통해 서로 힘을 모으고 마음을 나누며 살아왔다. 이처럼 여럿이 함께 협동하면 혼자서는 할 수 없는 일을 쉽게 해낼 수 있다.

헬렌 켈러(Helen Keller, 1880~1968)
미국의 작가·교육자·사회 운동가. 생후 19개월 때 앓은 뇌척수염으로 인해 시각장애인·청각장애인·언어장애인이 됨. 장애를 극복하고 집필과 강연 활동과 장애인을 위한 복지와 인권 운동을 펼쳤음.

헬렌 켈러 어록

혼자서는 우리는 거의 아무 것도 못한다. 함께 하면 우리는 많은 것을 할 수 있다.

협동은 개인과 사회 발전의 기본 조건이다. 인간은 독불장군처럼 혼자서는 살 수 없는 '사회적 동물'이므로 서로 화합하고 협업하면서 살아가야 한다.

협동심이 없는 사람은 이기주의로 흐르기 쉽다. 협동심은 공동체를 통해서 가능하며 자신의 인내심과 다른 사람에 대한 배려 없이는 협동심 발휘는 불가능하다.

인간관계에서의 협동은 공기만큼 중요하다. 누구나 독립적이면서도 동시에 의존적이므로 자기 자신만으로는 존재할 수 없고 다른 사람들과 교유하며 살아가야 한다. 인간은 불완전한 존재라는 사실, 타인과의 협동으로 비로소 그 불완전함이 채워질 수 있다는 사실을 겸허하게 받아들이면서 가정, 사회, 국가의 일원으로서 구성원과 협동하여 과제를 해결해 나가야 한다.

협동해야 하는 이유

교만한 인간은 남과 나와는 별개의 존재이며, 나의 힘만으로도 무엇인가를 성취할 수 있다는 생각으로 가득 차 있는 사람이다. 이는 자신과 공동체를 위해서 바람직하지 않다. '나 혼자 잘하면 되지 뭘 복잡하게 여러 사람이 어울려서 힘들게 해야 하나?' 하고 생각할 수 있겠지만, 협동하면 각자의 능력에 따른 성과보다는 훨씬 큰 시너지 효과를 나타내며 각자로서는 이루어낼 수 없는 조화로운 성과를 거두게 된다.

협동은 오케스트라와 같다. 오케스트라는 각양각색의 악기들이 모여 하나의 아름다운 소리를 낸다. 각자의 악기에서 뿜어져 나오는 소리가 함께 어우러져 조화롭고 아름다운 음악이 되는 것이다. 협동을 통해 서로 마음을 나누면서 이해하고 양보하고 배려하는 마음을 배우고 익힐 수 있다.

협동은 평범한 사람들이 비범한 결과를 만들어내는 원동력이다. 합한 두 사람은 흩어진 열 사람보다 낫다. 복잡하고 전문화된 현대 사회에서 혼자서 이룰 수 있는 일은 거의 없으므로 혼자만의 능력이 아닌 협동은 필수적이며 협력자의 질과 양이 자신의 경쟁력이다.

현대 디지털 사회에서 꿈을 실현하려면 '네트워킹 전략'을 활용해야 한다. 네트워킹 전략은 서로의 강점에 기초하고 있다. 각자 잘할 수 있는 분야를 맡아서 도와주고 보완해 주는 협동 전략이 필요하다.

완성된 자동차를 두고 생각해 보자. 자동차 한 대를 만드는 데 있어서 한 사람의 힘만으로는 어림도 없다. 완성하기까지 각자 맡은 전문 분야에서 많은 사람의 협동이 있기에 가능한 일이다.

아프리카 개미떼

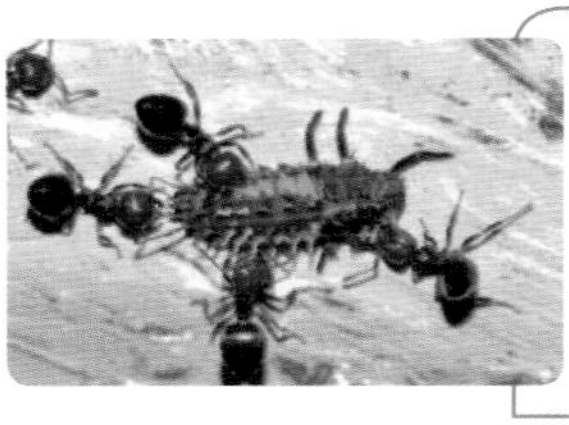

아프리카 밀림에 개미떼가 출몰하면 힘세고 사나운 동물인 코끼리와 사자도 개미떼를 피해 도망간다. 맹수들이 개미떼를 무서워하는 것은 개미의 힘이 아니라 협동심 때문이다. 개미는 지극히 작지만, 힘을 합쳐 공격하면 아무리 맹수라도 뼈만 남는다.

아무리 작은 능력이라도 협동하여 힘을 합하면 엄청난 힘이 발생한다. 벌들은 협동하지 않고는 아무것도 얻지 못한다. 사람도 마찬가지로 혼자서 할 수 있는 일에는 한계가 있지만, 함께라면 따로 분리된 부분들의 힘을 합친 것보다 훨씬 능가하는 힘을 발휘하게 된다. 여럿이 마음과 힘을 합쳐 협동하면 시너지 효과를 발휘하여 좋은 결과를 낳을 수 있다. 자신의 주체성을 지키면서 자신과 공동체의 발전을 위해 협동심을 발휘해야 한다. 협동심은 살아가는 동안 지속적으로 배우고 키워야 한다.

근면과 협동

베버 ≪프로테스탄티즘 윤리와 자본주의 정신≫ 중에서

> 인생의 목적을 부를 쌓는 데만 두고 산다면, 그것은 종교적으로 죄악이다. 그러나 성실하게 직업 노동을 수행한 사람이 부를 획득한다면, 그것은 신의 축복이다. 직업에서의 노동은 신의 영광으로 장려되어야 한다.

막스 베버(Max Weber, 1864~1920)
독일의 사회학자·정치경제학자. '프로테스탄티즘 윤리'라는 주제와 관료제에 대한 사상으로 유명함.

협동을 한다는 것은 일에 대하여 하는 것이다. 그러므로 협동에 임하기 위해서는 자신이 맡은 일에 최선을 다하는 자세인 근면이 중요하다.

일에 헌신하는 것은 각 개인의 위치에서 주어진 일에 최선을 다하는 정신적 자세와 태도를 기르는 것을 의미한다. 일은 육체뿐 아니라 정신에도 유익하다. 생명력, 건강, 기쁨을 얻으며 자제력, 주의력, 적응력을 키우고 단련시킨다. 근면은 인격 수양에서 최고의 스승이다. 일하지 않으면 정신적으로 혼수상태에 빠지게 되며 일을 함으로써 해악을 물리칠 수 있다. 놀고 있는 두뇌는 악마의 놀이터로 공상의 문이 열려서 유혹이 쉽게 접근하고 사악한 생각이 떼 지어 들어온다. 일은 악마를 쫓아내는 데 유익하다.

바다에 있는 배에서 선원들이 할 일이 없어 불평을 늘어놓으면 노련한 선장은 닻이라도 닦으라고 명령한다. 빈둥거리며 지내는 것은 영혼을 망치게 되므로 빈둥거리지 말고 유익한 일로 빈 시간을 꽉 채워야 한다.

밀레 〈이삭 줍는 여인들〉

일은 생활의 방편이 아니라 삶의 목적이다. 물론 일을 통한 과실로 생활을 유지하는 것이지만 삶에서 일을 통해 보람을 느끼고 자아실현을 해나가는 것이다. 일과 관련해서는 자신이 즐거워하는 일, 잘할 수 있는 일을 협동하면 더 높은 성과를 낼 수 있다. 싫어하는 일, 잘할 수 없는 일의 협동은 강요된 고역이 되기 쉽다. 그러므로 자신이 좋아하는 일, 자신이 잘할 수 있는 일을 알고 협동을 통해 더 큰 성과를 창출해야 할 것이다. 그렇다고 사람이 살면서 좋아하는 일만 할 수는 없으므로 지금하고 있는 일, 자신에게 주어진 일에 대해 좋아하는 자세를 가지고 잘할 수 있도록 노력하는 것이 더욱 중요하다.

직업의 선택은 중요한다. 훌륭한 일자리는 삶에 활력을 주지만 잘못된 일자리는 삶의 의미를 고갈시켜 버린다. 아침에 일어나 출근하는 것이 즐거워야 한다. 즐거운 마음으로 일하기 위해서는 열망하는 일을 해야 한다. 시간을 잊을 정도로 집중할 수 있는 직업을 가지도록 준비해야 한다.

시

함께 걷는 길

당신이 걷는 길은
과거와 현재의 수많은 사람들이
걸었고 걷고 있는 길이다
실질적으로 정신적으로
연결되어 함께 걷고 있다

짝이 없는 생물은 없다
손잡을 수 있는 짝이 있어야
힘이 생긴다
손을 잡은 자들이
미처 손잡지 못한 자들을
이기는 게 세상이다

위대한 일은 혼자 힘으로 이룰 수 없다
다른 사람들과 함께 해야 한다
다른 사람과 함께 다른 사람을 통해서
협력해야 위대한 것이 탄생한다

정리하기

- 협동은 서로 힘을 합하여 과업을 해결하는 것이다.
- 협동할 때 공동의 가치를 추구해야 한다.
- 협동하면 혼자서는 할 수 없는 일을 해낼 수 있다.
- 협동은 개인과 사회 발전의 기본 조건이다.
- 협동할 때 인내심을 발휘하고 서로에 대한 배려를 해야 한다.
- 협동은 비범한 결과를 만들어내는 원동력이다.
- 협동은 필수적이며 협력자의 질과 양이 자신의 경쟁력이다.
- 각자 잘할 수 있는 분야를 맡아서 보완해 주는 협동 전략이 필요하다.
- 아무리 작은 능력이라도 협동하여 힘을 합하면 엄청난 힘이 발생한다.
- 협동하면 시너지 효과를 발휘하여 좋은 결과를 낳을 수 있다.
- 협동에 임하기 위해서는 맡은 일에 최선을 다하는 근면이 중요하다.
- 일은 생활의 방편이 아니라 삶의 목적이다.
- 즐거워하는 일, 잘할 수 있는 일을 협동하면 더 높은 성과를 낼 수 있다.

확인하기

1 협동과 인간관계에 대해 서술하시오.

2 협동해야 하는 이유에 대해 서술하시오.

3 협동을 왜 오케스트라 연주와 같다고 하나요?

4 지금까지 기억에 남는 협동한 일은 무엇이며 협동하고 난 다음에 나의 기분은 어떠했나요?

5 일은 개인의 육체와 정신에 어떤 영향을 미치는지 서술하시오.

정답 1~5. 각자 작성

PART

03

예방 교육

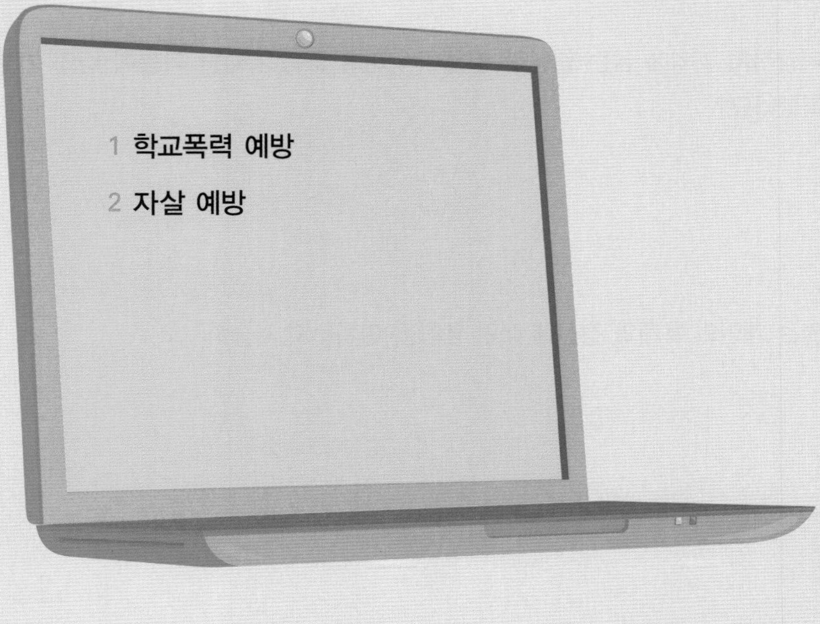

1 학교폭력 예방

학습목표
- 학교폭력의 유형과 예방 방법에 대해 설명할 수 있다.
- 학교폭력 예방과 관련하여 친구의 중요성을 인식할 수 있다.
- 학교폭력의 주요 원인인 분노 조절에 대해 설명할 수 있다.

학교폭력의 유형과 후유증

학교폭력이란 학생 간에서 일어나는 폭행, 상해, 왕따, 모욕, 공갈, 강요, 위협, 감금, 약취, 유인, 강제적인 심부름, 명예훼손, 성폭력, 사이버 폭력, 면박주기, 빈정거림, 핀잔주기를 이용하여 학생의 신체적·정신·재산적 피해를 주는 행위이다. 이처럼 신체 폭력, 언어폭력, 사이버 폭력, 금품 갈취, 따돌림 등 다양한 형태로 학교폭력이 존재한다.

학교폭력은 피해학생의 인간 존엄성을 부정하는 행위이다. 학교폭력을 다스리지 못하면 군대폭력, 사회폭력, 가정폭력으로 이어져 인생 자체가 폭력으로 얼룩진 삶을 살게 된다. 꿈 많고 창창한 미래가 펼쳐져 있는 청소년기에 학교폭력을 저질러 인생에 오점을 남겨서는 안 된다.

감수성이 예민한 이 시기의 학교폭력은 피해자에게는 평생 씻을 수 없는 상처를 안기며, 가해자에게는 여러 제재가 뒤따르며 자칫 전과자라는 불명예가 평생 따라다니면서 인생에 오점을 남긴다. 그러므로 자신의 폭력 행위가 어떤 결과를 낳을 것인지에 대해 예측해 보면 그 심각성을 깨닫게 될 것이다.

폭력은 잘못된 방법으로 상대방을 무력으로 제압하는 것으로 피해자에게 신체적·정신적인 고통을 안긴다. 그 고통은 신체의 아픔뿐만 아니라 정신적으로 치유하기 힘들 정도의 자아 상실감에 빠지게 하여 피해학생이 복수에 나설 경우 폭력의 악순환을 일으키거나 자살 등 극단적인 선택에 내몰리게도 한다. 이는 커다란 사회적 혼란과 손실을 초래한다.

학교폭력의 원인

학교폭력의 원인은 학우 간에 공감하지 못하는 갈등 상황에서 분노를 조절하지 못해 일어나거나 소유욕을 채우기 위해서나 심지어 폭력을 통해 쾌감을 느끼기 위해서도 행해진다.

학교폭력과 친구

학교폭력은 대개 동급생이나 상·하급생 사이에서 벌어지는 행위이다. 진정한 친구 사이에서는 상호 예의를 지키므로 절대 학교폭력이 일어나지 않는다. 그러므로 친구에 대한 뚜렷한 주관을 확립하고 올바른 친구를 사귀어야 한다.

봉생마중 불부직(蓬生麻中 不扶直)

굽어지기 쉬운 쑥대도 삼밭 속에서 자라면 저절로 곧아진다는 뜻이다. 삼은 키가 크고 곧게 자라는 식물인데, 꾸불꾸불 자라는 쑥도 삼밭 속에서 자라게 되면 삼의 영향을 받아 곧게 자라게 되듯이 좋은 벗과 사귀면 좋은 사람이 된다는 뜻이 담겨 있다. 훌륭한 친구와 우정을 나누면 친구의 행동에 동화되어 바르게 생활한다. 내가 어떤 친구를 사귀느냐가 일생을 좌우한다. 좋은 친구가 좋은 나를 만든다.

좋은 친구를 만나느냐 나쁜 친구를 만나느냐에 따라 인생이 결정되는 경우가 많다. 마이크로소프트사의 빌 게이츠와 폴 앨런,

애플의 스티브 잡스와 스티브 워즈니악, 페이스북의 마크 저커버그와 더스틴 모스코비츠, 크리스 휴스는 모두 진한 우정을 바탕으로 20대 초반에 공동 창업하여 오늘날 세계적인 기업으로 발전시켰다.

이와 반대로 나쁜 친구 때문에 인생 자체를 망가뜨린 경우도 있다. 전도유망했던 국가대표 축구선수가 친구의 꾐에 빠져 승부조작에 가담하고 결국 발각되어 영구 제명되었고, 그 후 사업을 벌이다가 실패하자 그 친구와 함께 부녀자 납치 사건을 저질러 감옥에 갔다.

인생을 좋은 방향으로 바꿔놓을 수 있을 정도로 좋은 영향을 끼치는 영혼의 친구를 사귀어야 한다. 영혼의 친구는 평생에 한두 번 나타날까 말까 하는 특별한 친구다. 좋은 꿈을 가지고 열심히 살거나, 모든 일에 기쁜 마음으로 최선을 다하다 보면 어느 날 선물처럼 만날 수 있다.

학교폭력과 분노

학교폭력 원인 중의 하나는 분노이다. 상대방에 대한 분노이든, 자기 자신에 대한 분노이든 상대방이 아닌 다른 사람 때문에 생긴 분노이든 세상에 대한 분노이든 이를 특정인에게 폭발시키는 것이 학교폭력이다. 그러므로 분노를 잘 관리하여야 한다.

알렉산더(Alexander, BC 356~BC 323) 마케도니아의 왕. 그리스, 페르시아, 인도에 이르는 대제국을 건설하였음.

알렉산더 대왕의 분노

- 알렉산더는 왜 분노했으며 그 결과는 어떻게 되었을까?

알렉산더 대왕이 친구로부터 훈련이 잘된 사냥개 두 마리를 선물로 받았다. 사냥을 즐겼던 알렉산더 대왕은 기뻐했다.

> 어느 날 알렉산더 대왕은 사냥개를 데리고 토끼 사냥에 나섰는데 사냥개들은 사냥할 생각이 전혀 없는 듯 했다. 토끼를 물끄러미 바라만 보고 있는 모습을 보고 알렉산더 대왕은 화가 나서 사냥개들을 죽여버렸다. 그리고 사냥개를 선물한 친구를 불러 호통을 쳤다. "토끼 한 마리도 잡지 못하는 볼품없는 개들을 왜 내게 선물했는가? 그 쓸모없는 사냥개들을 내가 모두 죽여 버렸다."
>
> 친구는 알렉산더 대왕의 말을 듣고 놀란 표정으로 말했다. "그 사냥개들은 토끼를 잡기 위해 훈련된 개들이 아닙니다. 호랑이와 사자를 사냥하기 위해 훈련받은 개들입니다."

현명하고 지혜로운 사람은 중요한 결정을 내릴 때 순간의 분노에 취해 일을 그르치지 않는다. 분노를 억누를 줄 아는 것은 현명함을 보여주는 것이다. 분노를 다스리는 법을 터득하는 것이 삶의 지혜이다. 한 잔의 물을 정화하려면 이물질이 가라앉도록 내버려두듯이 분노의 해독제는 참는 것이다.

분노에 깔린 슬픔, 고통, 증오와 상처를 헤아리고 풀어주어서 분노를 일으키게 한 감정적인 고리를 끊어야 한다.

학교폭력에서 벗어나는 방법

분노가 일어날 때 조절하는 방법을 터득해야 하며, 금품 갈취 등으로 소유욕을 채우기 위해 폭력을 행사하는 것은 범법 행위이므로 자기관리를 철저히 해야 한다. 그리고 폭력에 쾌감을 느끼게 되면 점점 폭력에 중독되므로 애초 상담을 받거나 정신적 치료를 받아야 한다.

학교폭력을 예방해야 하며, 학교 폭력이 일어났을 때는 이를 해결하기 위해 모두가 적극적으로 대처해야 한다. 학교폭력을 일으키지 않기 위해서는 학우 간에 의사소통을 원활하게 하여 갈등을 줄이거나 없애야 한다. 사회적 분위기나 제도적 차원에서 폭력 예방 노력이 있어야겠지만 무엇보다 자신이 폭력에 대한 문제점을 인식하여 폭력을 저지르지 않고 예방에 앞장서야 한다. 그리고 피해학생을 구제하기 위해 노력해야 한다.

폭력을 당하는 상황에서는 폭력의 부당성을 명확하게 표현해야 하며, 피해학생은 용기를 가지고 자신의 상황을 주변에 알리고, 부모님이나 선생님, 전문가에게 적극적으로 도움을 요청해야 한다. 필요한 경우에는 법이나 제도, 외부 기관을 적극적으로 활용한다. 또한, 주변의 학우들은 따돌림을 당할 것을 두려워하여 방관자가 되지 말고 폭력 상황을 학교와 선생님께 알려야 한다.

학교폭력 신고할 곳

- 신고전화: 국번 없이 117
- 학교폭력 온라인 신고: www.safe182.go.kr
- 학교폭력 모바일 신고: m.safe182.go.kr

편지

학교폭력을 당해 자살한 학생에게

왜 그랬어? 정말 왜 그렇게 꽃다운 나이에 스스로 목숨을 끊었어? 얼마나 자존심이 상했으면…. 아마도 육체적으로 아픈 것 때문이 아니라 자아 존중감이 망가지고 분노로 얼룩진 네 마음이 너를 자살로 이끈 것 같구나. 그렇게 오랜 기간 동안 같은 반 친구들, 아니 나쁜 친구들로부터 협박과 폭행을 당한 네 괴로움을 받아들이고 해결해 줄 곳이 그렇게도 없었니? 어디로 숨을 곳도, 피할 곳도, 상의할 곳도 없는 너는 얼마나 힘들었니?

잘못했어! 잘못했어! 이 지경에 이르도록 의지할 곳 하나 없게 만든 이 사회와 어른들이 너무 잘못했어. 이제부터 친구들을 급우로 표현하면서 하늘나라에 있는 너에게 이 편지를 쓴다.

너는 왜 그렇게 착한 바보냐? 그냥 당할 정도로 말이야. 왜 그렇게 당하고만 있었어? 야구 방망이를 가지고 휘둘러 버리기라도 하지. 자살할 정도로 괴로웠다면 자살하는 용기로 너를 괴롭힌 급우들을 야구 방망이로 뒤에서 내려칠 수 있었을 텐데 말이야. 부모인 내 입장이라면 차라리 그렇게 해서 내 자식이 교도소에 가더라도 살아있기를 바랄 거야.

아마도 그렇게 했다면 급우는 겁에 질려 다시는 너를 괴롭히지 못했을 거야. 그렇게 할 수 없었으면 주위에라도 알렸어야지. 그렇게 당하면서도 왜 안 알렸어? 보복이 두려웠다고? 무슨 보복이 두려워? 너를 괴롭힌 급우들이 조폭 형이 있다고 해서 그랬어?

부모님도 다 교사이고, 형도 격투기를 배우고 있고, 선생님도 있고, 경찰도 있는데 말이야. 네가 도움을 요청했으면 현명하게 대처했을 것이고 이와 같은 불행한 일이 발생하지 않았을 거야.

네 어머니가 너나 너를 괴롭힌 급우와 또래 학생을 가르치는 선생님이더구나. 어머니는 슬픈 가운데도 의연하게 대처하셨어. 네 죽음을 계기로 학교폭력을 근절시키고자 용기를 가지고 네 유서를 공개했더구나.

유서 내용이 정말 충격적이야. 있을 수도 없고, 있어서도 안 되는 일이었어. 스스로 목숨을 끊으면서 절절하게 전하려고 했던 학교폭력 근절을 바라는 네 간절한 메시지가 헛되지 않았으면 해.

그런데 계속해서 학교폭력에 의한 투신자살이 일어나고 있어. 네가 하늘나라도 떠난 후에 또다시 학교폭력을 견디다 못해 네 선배 뻘 되는 학생이 투신자살했는데 자살하기 전에 엘리베이터에 앉아서 우는 장면이 CCTV에 찍혔더라. 나는 이 장면을 TV에서 보고 눈물이 나더구나.

이런 일이 계속 벌어지는 것은 정말 안타깝고 걱정되는 일이야. 다시는 학교폭력으로 너와 같은 꽃다운 나이에 스스로 목숨을 끊는 일이 발생해서는 안 돼.

유서에는 괴롭힘을 당한 아픈 기록과 함께 가족에 대한 사랑과 미안함이 절절히 배어있더구나. 마지막 순간까지 가족들이 보복 당할까봐 현관 키 번호까지 바꾸라는 세심한 배려까지 했어.

너는 죽음을 결심하고 어머니 휴대폰에 입력되어 있던 네 핸드폰 번호를 직접 지웠다고 하더라. 아마도 네 죽음을 가족들이 빨리 잊어주길 바라는 마음에서 지웠겠지.

네 어머니께서도 "엄마가 미안해. 네가 그렇게 아픈지도 몰랐고…. 엄마가 너를 못 지켜준 거, 엄마 가슴이 너무 미어져. 하늘나라 가서 안 아프고 안 무섭고 행복하게 지내기를 바라. 나중에 우리 가족 다 만나서 다시 행복하게 살자. 사랑해"라고 말씀하셨더구나.

네 부모님과 형은 서로 의지하면서 힘든 상황을 잘 견디고 이겨낼 거야. 이제는 네가 하늘나라에서 학교폭력으로 스스로 목숨을 끊은 친구들과 서로 의지하면서 편안하게 지내야 해.

네가 하늘나라로 떠나자마자 네 어머니는 매일 아침 네 영정을 보며 너를 괴롭힌 급우를 용서하는 마음을 가질 수 있도록 기도를 한다고 하더구나. 몇 달이 지난 지금에 네 어머니 마음이 어떻게 되었는지, 어떻게 하셨는지 궁금하구나.

하늘나라에 있는 너에게 '용서'라는 단어를 꺼내는 것이 어떨지 모르겠어. 용서는 쉬운 일이 아니야. 원한에 맺힌 이를 용서한다는 것은 말처럼 쉬운 일이 아니야. 너를 죽음에 이르게 만든 급우가 살아가는 모습을 상상하는 것만으로도 복수의 감정이 앞설 거야. 그래도 용서하도록 노력해 봐.

하늘나라에서 급우의 진정한 용서를 구하는 기도를 듣는다면 용서하는 게 좋아. 하지만 하늘나라에서 지켜보고 있는 너에게 진정한 반성과 사죄를 하지 않는다면 무거운 벌을 내리도록 해. 어쩌면 죽음보다 더한 괴로움을 말이야.

용서하지 않으면 너를 가해한 급우는 '죄'의 무거운 짐을, 너는 하늘나라에서 '복수'의 무거운 짐을 지게 될 거야. 어쩌면 용서는 너 자신을 위해서 하라는 거야. 용서하지 않으면 분노를 되새김질하게 되고, 복수심에 불타면서 자신의 노예가 되는 거야.

용서는 두 사람 모두에게 무거운 짐을 내려놓고 자유롭게 할 거야. 그래야 네가 하늘나라에서 편안한 마음으로 지낼 수 있지 않겠어.

진정으로 사죄한다면 용서하고 잊어. 학교폭력이 없는 하늘나라에서 편안한 마음으로 행복하게 지내길 바란다.

– 윤문원 ≪쫄지마 중학생≫ 중에서

2 자살 예방

학습목표
- 청소년 자살의 양상과 원인을 설명할 수 있다.
- 청소년 자살 예방 방법을 설명할 수 있다.

청소년 자살 양상

사전에는 자살을 '고의적으로 자신에게 부과한 죽음이다. 강렬한 고통을 초래하는 문제 혹은 위기로부터 탈출 하고자 하는 방법이다'라고 정의한다. 자살은 고의로 자기를 해치거나 죽음에 이르게 하는 생각과 행동이다. 자살은 한 개인이 절망적인 상황에서 해결 방법이 없고 희망이 없다고 여겨질 때 시도하는 극단적인 행동이며 가장 심각한 정신 병리이다.

미래의 꿈에 부풀어야 할 청소년 시기에 '자살'이라는 끔찍한 생각을 하고 선택한다는 것은 큰 불행이다. 하지만 청소년 자살 사고는 점점 더 심각한 양상을 띠고 있다. 우리나라는 OECD 국가 중 자살률 1위이며, 특히 청소년의 경우 사망 원인 1위가 자살이다.

우리 사회에서 청소년 자살은 적극적인 개입이 필요한 심각한 사회 문제이다. 자살은 일회적이고 순간적인 병리가 아니라 만성적으로 진행되는 병리이며 청소년의 자살 행동은 여러 요소들이 복잡하게 연관되어 있는 문제이다.

청소년기의 자살이 일반인과 다른 특징은 청소년기는 아동기에서 성인기로 전환해 가는 '질풍노도의 시기'이다. 심리적으로 안정과 균형을 이루지 못하고 자신의 정체성에 대한 혼란과 미래에 대한 불확실성이 순간적으로 작용하여 성인에 비해 충동적인 자살의 경우가 많다. 친구나 다른 사람들과 함께 동반 자살을 하기도 하고 연예인이나 유명한 사람들의 자살을 모방하기도 한다. 현실이 아닌 사이버 공간에서의 자살을 현실과 구분하지 못하고 자살하기도 한다.

청소년 자살 원인

우울증, 불안장애, 외상 후 스트레스 장애, 학업 스트레스, 성적 비관, 지나친 경쟁, 학교폭력과 왕따, 이성 문제, 원만하지 못한 교우 문제, 실패에 따른 좌절감, 선천성 장애, 사고 후유증, 질병에 의한 건강 문제, 경제적 어려움, 가정불화, 결손 가정, 모방 자살, 약물 중독, 주변 사람에 대한 분노, 자신의 무능함에 대한 자괴감, 미래에 대한 불안 등 굉장히 다양하다.

이와 같은 다양한 원인들을 종합해 보면, 시련과 실패 그리고 걱정과 불안이며 이에 따른 절망감이 마음의 감기라고 부르는 우울증으로 자리 잡아 자살에 이르게 하는 것이다.

자살의 원인은 한 가지로 요약할 수 없고, 복잡하고 다양한 요인들이 관여한다.

시련과 자살

자신이 나름대로 판단하기에 견디기 힘들 정도의 시련이 닥치면 이를 회피하기 위해 자살을 떠올리고 시도하기도 한다. 그런 면에서 시련에 대하여 올바른 시각을 가지고 긍정적으로 받아들이면서 시련을 관리해야 한다. 삶을 영위하는 과정에는 시련이 있게 마련이므로 시련을 견디고 극복하는 마음가짐을 가져야 한다.

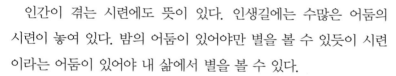

생텍쥐페리의 ≪어린 왕자≫중에서

"문제를 해결하는 가장 좋은 방법이나 자세는 문제를 그저 어렵게만 보지 말고 헤쳐 나가야 할 도전쯤으로 받아들이는 거야. 물론 그렇게 여겨도 여전히 장애물인 것은 변함이 없겠지만, 긍정적인 시선으로 볼 수 있을 거야. 그러니 매 순간 우리가 어려움을 겪도록 한 신의 섭리에 감사해야 한단다."

그러자 "어려움에 감사하라고요?"라는 반문에 "그럼, 그런 태도나 자세가 널 성장시켜서 완벽에 한 걸음 더 다가갈 수 있게 해주거든. 만약 우리 삶에 놓인 장애물을 호의적으로 바라보면 그것들에 대해 불평하면서 허비하는 시간의 낭비도 줄이고, 더 알찬 삶을 살 수 있을 거야."

≪어린 왕자≫

생텍쥐페리
(Saint-Exupery, 1900~1944)
프랑스의 소설가이자 비행사. 1943년 ≪어린 왕자≫를 발표했음. 1944년 정찰 임무를 위해 프랑스 남부 해안을 비행하다 행방불명되었음.

인간이 겪는 시련에도 뜻이 있다. 인생길에는 수많은 어둠의 시련이 놓여 있다. 밤의 어둠이 있어야만 별을 볼 수 있듯이 시련이라는 어둠이 있어야 내 삶에서 별을 볼 수 있다.

시련은 사람을 겸손하게 하고 지혜롭고 강하게 만든다. 힘든 과정이지만 훌륭한 스승이 될 수 있으므로 축복의 통로로 삼아야 한다.

어미 독수리가 새끼 독수리에게 날개 짓을 시키기 위해서 벼랑에서 밀듯이 시련에서 의미를 발견해야 한다. 혹독한 시련은 자기 보존 능력을 연마할 기회를 가져다준다. 쉽고 편안한 환경에선 강한 인간이 만들어지지 않는다. 시련을 통해서만 강한 영혼이 탄생하고, 통찰력이 생기고, 일에 대한 영감이 떠오르며, 마침내 성공할 수 있다. 뒤로 물러설 곳이 없는 벼랑 끝에 몰렸을 때 자신을 더욱 올바르게 세우고 단련해야 한다.

실패와 자살

실패했을 때 좌절감에 젖어 자살 충동을 느낄 수가 있다. 눈앞에 닥친 실패를 실제보다 더 크게 받아들여서는 안 된다. 실패를 어떻게 바라보고 받아들이는가는 마음의 평정을 위해 매우 중요하다. 있는 그대로 받아들이면서 이를 잘 관리하여야 한다. 그래야 좌절하지 않고 마음의 안정을 얻고 새로운 용기를 가지고 다시 일어설 수 있다.

마이클 조던 어록

마이클 조던(Michael Jordan, 1963~)
미국의 전 농구선수

나는 계속 실패하고, 실패하고, 또 실패했다. 그것이 내가 성공한 원인이다.

장애물 때문에 반드시 멈출 필요는 없다. 벽에 부딪힌다면 돌아서서 포기하지 말아야 한다. 어떻게 벽에 오를지, 뚫고 갈 수 있을지, 돌아서갈 수는 없는지 생각해 보라.

삶을 영위하면서 한 번도 실패하지 않는 사람은 없다. 인간은 실패가 허락된 유일한 창조물이다. 인생에서 꿈을 향해 최선을 다해도 실패할 때가 있다. 실패는 무의미한 상처가 아니라 열심히 행동한 삶의 흔적이다.

일어나라

- 아버지는 달리기 시합에서 여러 번 넘어진 아들에게 어떻게 격려했을까?

소년들이 운동장을 몇 바퀴 도는 중거리 달리기 시합이 시작되었다. 선수들이 출발선에 섰다. 운동장 양쪽에선 가족들이 자기 아들을 응원하고 있었다. 소년들은 저마다 가족에게 자신이 1등

하는 모습을 보여주고 싶었다. 드디어 출발 신호가 울리고 선수들은 앞으로 달려 나갔다.

그중 한 소년이 선두를 달리고 있었다. 소년의 아버지 역시 많은 학부형 속에서 응원하고 있었다. 그런데 그 소년이 속도를 내어 힘차게 달리다가 그만 발을 헛디뎌 미끄러졌다. 중심을 잡으려고 하다가 두 팔을 헛짚으며 넘어지고 말았다. 관중들이 웃음을 터트렸다.

이제 그는 우승할 수 없을 것 같았다. 창피한 나머지 그는 어떻게든 그 자리에서 달아나고 싶었다. 하지만 소년이 넘어지는 순간 그의 아버지가 확신에 찬 얼굴로 일어섰다. 그 얼굴은 소년에게 분명한 목소리로 말하고 있었다. "일어나서 달려라!"

소년은 벌떡 일어났다. 다친 데는 없었다. 조금 뒤처진 것뿐이었다. 그는 뒤처진 것을 따라잡기 위해 온 힘을 다해 뛰었다. 얼른 다른 선수들을 따라잡아 우승해야겠다는 생각이 너무 강한 나머지 마음이 다리보다 더 빨리 달렸다. 그래서 그는 또다시 넘어지고 말았다. 그 순간 아까 포기했더라면 한 번밖에 창피를 당하지 않았을 것이라는 생각이 들었다. '이게 무슨 창피야. 다신 경주에 참가하지 말아야 해.'

하지만 군중의 웃음소리 속에서 소년은 아버지의 얼굴을 발견했다. 그 확신에 찬 얼굴이 다시 말하고 있었다. "일어나서 어서 달려라!"

그래서 소년은 또다시 벌떡 일어났다. 맨 꼴찌였다. 바로 앞에 달리는 선수보다 열 걸음 정도 뒤처져 있었다. 소년은 생각했다. '일단 꼴찌를 면하려면 정말 빨리 달려야 하겠어.' 온 힘을 다해 달린 끝에 소년은 금방 앞 사람을 따라잡았다.

하지만 선두까지도 따라잡으려고 애쓴 나머지 또다시 미끄러져 넘어지고 말았다. 소년은 그곳에 엎어져 있었다. 눈물이 볼을 타고 흘러내렸다. '또다시 일어나 계속 달리는 건 무의미해. 세 번이나 넘어졌으니 이젠 가망이 없어. 다시 뛴다는 건 쓸데없는 짓이야.' 너무 뒤처져서 일어나고 싶은 의지가 사라지고 모든 희망이 달아났다. 그는 생각했다. '난 졌어. 마음만 앞서서 실수를 거듭했어.'

그때 소년은 곧 마주칠 아버지의 얼굴을 생각했다. "일어나라!" 낮게 메아리치는 소리가 들리는 듯했다. "넌 여기서 포기해선 안 돼. 일어나서 어서 달려라." 그 목소리는 소년에게 새로운 의지를 심어주고 있었다. "일어나라. 넌 절대 패배하지 않았어. 승리한다는 것은 다른 게 아니야. 넘어질 때마다 일어나는 것이 진정한 승리이지."

소년은 또다시 일어났다. 이기든 지든 최소한 중단하진 않겠다고 소년은 새롭게 결심했다. 이제 다른 아이들에 비해 너무 뒤처져 있었다. 그래도 그는 자신이 가진 온 힘을 다해 마치 우승을 노리는 사람처럼 달렸다. 세 번이나 그는 넘어졌지만 세 번 모두 일어났다. 우승의 희망을 품기에는 너무 뒤처져 있었으나 그래도 끝까지 달렸다.

우승자가 결승선을 통과하는 순간 관중은 환호의 박수를 보냈다. 1등을 한 선수는 자랑스럽게 고개를 쳐들고 행복한 미소를 지었다. 넘어지지도 않았고 창피를 당하지도 않았다.

한참 후 세 번이나 넘어졌던 소년이 맨 꼴찌로 결승선에 들어서는 순간 관중은 일제히 일어나서 더 큰 환호를 보냈다. 소년이 비록 고개를 숙이고 자신감을 잃은 채 마지막으로 들어오긴 했지만, 관중의 박수 소리로 따지면 소년이 곧 우승자였다.

아버지에게로 다가간 소년은 풀이 죽어서 말했다. "잘 해내지 못해서 죄송해요." 소년의 아버지가 말했다. "나한테는 네가 우승자다. 넌 넘어질 때마다 일어났어."

인생에서 넘어질 수 있어. 하지만 넘어질 때마다 일어나야 해. 실패에서 좌절하거나 절망하여 주저앉아버리면 안 돼. 삶에서 중요한 것은 실패하지 않는 것이 아니라 실패해도 좌절하지 않고 일어나서 다시 달리는 거야."

인생은 달리기와 같은 것으로 달리다가 넘어질 수 있으며 넘어질 때마다 일어나야 한다. 실패의 현장에서 일어나기만 하면 바로 꿈을 향한 재출발점이 될 것이다. 삶에서 중요한 것은 실패하지 않는 것이 아니라 실패해도 좌절하지 않고 다시 일어나는 데 있다. 실패에 굴복하는 것만이 실패이다. 실패에 고개를 떨어뜨리고 주저앉아서는 안 되며 일어나서 다시 달려야 한다.

실패에서 다시 일어나야 한다고 해서 무조건 계속해서 여기에 매달리라는 것은 아니다. 산산이 조각난 항아리는 다시 붙여도 소용이 없다. 이 항아리를 다시 붙이는 것은 헛된 노력이다. 다시 새 항아리를 준비해서 물을 길어야 한다. 어쩔 도리가 없거나 심사숙고 끝에 결론이 난 일은 다시 시도할 필요가 없다. 버린다는 것은 다시 시도하는 것만큼 중요하다. 버릴 것은 버려야 한다.

청바지의 탄생

- 금광 개발 사업에 실패하고 어떤 계기로 청바지를 만들어 성공했을까?

> 19세기 초에 미국에서 골드러시가 일어나 금을 캐어 벼락부자가 속속 탄생하자 뒤늦게 젊은 청년이 금을 캐러 캘리포니아 금광 단지에 갔지만 이미 금광 대부분이 개발되었고, 많은 사람이 일하고 있어서 실패를 하였다. 아무리 노력한들 성공 가능성이 없어 보였다. 하지만 청년은 포기하지 않고 어떤 기회라도 찾아보려고 마음을 먹었다.
>
> 그는 금광 단지에서 일하는 사람들을 유심히 관찰한 결과 험한 일을 하기에 적합한 작업복이 필요할 것으로 판단하고 천막을 만드는 천으로 청색 물감을 들인 튼튼한 청바지를 만들어서 팔기 시작했다. 시일이 지나면서 골드러시는 끝이 났지만, 골드러시에 실패한 청년이 만든 리바이스 청바지는 지금까지 전 세계인이 입는 인기 제품이 되었다.

버린다는 것은 포기하는 것이 아니라 움직이는 것이며 꿈을 실현하기 위한 방향 전환이다. 삶의 방향키를 바꾸는 새로운 도전의 시작으로 용기이며 결단이다.

버리고 비워야 새것이 들어설 수 있다. 버리고 비우는 일은 적극적인 삶의 자세이며 지혜로운 선택이며 단순한 포기가 아니라 더 큰 것, 더 나은 길로 가기 위해 감수하고 희생해야 할 부분이다. 지금까지 기울인 노력이 아까워서, 실패를 인정하기 싫어서 과거와 단절을 못하는 경우가 많다.

손에 잡힐 듯 말 듯한 성공으로 보이지만 결국 실패로 끝나고 마는 경우가 다반사다. 가망 없는 일은 어느 정도 손해를 감수하더라도 그만둘 줄 알아야 한다. 넘어진 그 자리를 전환점이라고 생각하고 완전히 방향을 틀어 새로운 발상으로 잠재 능력을 발휘해야 한다.

걱정과 자살

누구나 삶에서 걱정거리를 만나고 걱정을 하면서 살아간다. 지나친 걱정은 영혼을 망가지게 하여 자살 충동을 일으키는 원인이 되기도 한다. 그러므로 걱정을 받아들여서 관리를 잘 하는 것은 매우 중요하다. 그래야 마음의 안정을 가져와 정상적인 생활을 영위할 수 있다.

쓸데없는 걱정

- 왜 보통사람들이 하는 걱정을 쓸데없는 걱정이라고 할까?

걱정의 40%는 절대 현실로 일어나지 않는다.
걱정의 30%는 이미 일어난 일에 대한 것이다.
걱정의 22%는 쓸데없는 사소한 고민이다.
걱정의 4%는 어쩔 도리가 없는 일에 대한 것이다.
걱정의 4%는 해결할 수 있는 일이다.

걱정하는 것은 인간 본능이다. 인간의 마음은 걱정을 내려놓지 못하며 내려놓으려 하지 않는다. 생각 속에의 상황을 내려놓지 않으면서 마음속으로 걱정거리를 쌓아간다. 마음속에 걱정의 짐을 짊어지고 다닌다.

누구나 자신이 처한 위치와 상황에서 이런저런 걱정을 한다. 중요한 일에 대해 당연히 걱정하지만 사소한 문제를 확대해석하여 걱정거리로 만들거나, 때로는 아무 소용이 없는 이미 일어난 일에 대한 것이거나, 일어나지도 않은 미래의 일에 대해 걱정을 사서 하기도 한다.

걱정의 대부분은 실존이 아니라 상상의 산물이다. 걱정거리를 마음에 품고 키울 준비가 되어 있는 사람의 마음가짐은 고통의 온상으로 인생을 우울하게 채색한다. 마음에 평온과 행복을 앗아가서 주변 사람들까지 고통을 준다. 걱정이 다가왔을 때 스스로 자신을 무너뜨리지 말아야 한다. 지혜로운 자는 걱정에 빠져 있거나 노예가 되지 않는다. 자신을 에워싸고 있는 우울한 생각을 차단해라. 쓸데없는 걱정이 마음을 사로잡지 않도록 하여 마음의 평정을 유지해야 한다.

불안과 자살

뭉크 〈불안〉

불안은 삶의 조건이다. 인간은 모든 것이 자신에게 '맡겨져 있음'에 대해 불안해한다. 불안은 다양한 사회제도 속에서 발현되는 보편적 현상이다. 현대 사회는 '불안의 시대'라고 지칭될 만큼 개인, 사회적으로 다양한 불안 현상이 나타나고 있다.

인간에게 불안이 자살, 약물 중독 등 부정적으로 작용하기도 하지만 스포츠 참여, 신앙생활, 과학 탐구, 취미 생활 등으로 개인에게 역동적이고 경건한 삶을 영위하게 한다. 불안을 긴장과 갈등, 소외 등 병리 현상의 시각으로 볼 것이 아니라 불안을 인정하면서 이를 해소하기 위한 노력을 통하여 개인의 발전과 사회적인 역동성을 가져 와야 한다.

인간은 '사회적 동물'로서 여러 사람이 화합하고 협업하면서 더불어 사는 공동체를 형성하여 불안을 줄여가면서 살아간다. 인간사는 불안으로 점철되어 있지만 인간은 끊임없이 시대의 불안을 성찰하고, 해결하려는 노력을 경주해야 한다.

분노와 자살

억울한 일을 당했을 경우에 분노를 참지 못하고 그 억울함을 알리는 방법으로 자살하기도 한다. 분노는 마음에 좌절과 고통과 상처를 남기고 삶의 평화를 한 순간에 앗아가 버릴 수 있다. 분노를 폭발시키는 순간 분노가 자신을 지배하게 된다. 분노에 굴복하는 순간 분노의 노예가 되고 만다. 분노가 이성의 둑을 무너뜨리도록 방치하지 말아야 한다.

분노를 억누를 줄 아는 것은 현명함을 보여주는 것이다. 분노를 다스리는 법을 터득해 사는 것이 삶의 지혜이다. 분노의 해독제는 시간이며 세월이다. 분노에 깔린 슬픔, 고통, 증오와 상처를 헤아리고 풀어주어서 분노를 일으키게 한 감정적인 고리를 끊어야 한다.

청소년 자살의 징후

자살하기 전 청소년들의 평소와는 다른 행동들은 너무 아프고 힘들다는 신호이다.

- 자살이나 죽음에 대해 자주 언급하고 이와 관련된 책과 사이트를 찾아보며 죽음과 관련된 글이나 낙서를 한다.
- 대인관계를 피하고 대외적인 활동이 줄어들어서 친구나 주변 사람들과의 접촉도 줄어들게 된다.
- 식사량이나 수면시간이 지나치게 줄거나 늘어난다.
- 주변을 정리 정돈하며 소중하게 간직하던 물건을 나눠주는 등 평소에 하지 않던 행동들을 한다.
- 갑자기 무모하고 과격한 행동을 하고 세상에 대한 분노와 적개심을 드러내기도 한다.

청소년 자살의 특징

- 사소한 일에도 쉽게 충격을 받아 충동적으로 단순하게 자살하는 경우가 많다.
- 오랫동안 자살생각을 한 결과라기보다는 감정적이다.
- 자신의 심적 고통을 외부에 알리고자 하는 호소형 자살이 많다.
- 성적 및 학교생활과 관련된 문제로 인한 자살이 많다.
- 모방 자살이 많다.
- 이성교제 문제로 자살하는 경우가 증가하고 있다.
- 카드와 스마트폰의 무분별한 사용에 따른 경제적 문제로 자살하는 경우도 있다.
- 따돌림, 학교폭력 등으로 자살하는 경우가 많다.

청소년의 자살 예방 방법

- 생명의 소중함을 인식하고 죽음으로 모든 것이 해결될 수 없으며 긍정적이고 바람직한 해결 방법이 있음을 깨닫는다.
- 가족 간의 유대를 강화하여 서로 긴밀한 소통을 한다.
- 가정에서 청소년의 자존감을 높여주고, 정서적 안정감을 주고, 성적에 대해 지나친 부담감을 주지 않도록 한다.
- 교우 관계를 바르게 하고 선생님과 친구들과 긴밀하게 지낸다.
- 동아리 활동, 봉사 활동이나 스포츠 활동, 문화 행사 참여를 통해 쾌활함을 유지한다.
- 스스로 심리 상태와 정신 상태의 흐름을 파악하여 이상이 있다고 판단될 경우 부모님이나 선생님, 의사, 전문가의 도움을 받도록 한다.
- 특히 우울증은 가장 큰 자살 원인이므로 반드시 치료를 받아야 한다. 우울증은 자기 자신과 미래, 그리고 살고 있는 이 세상에 대한 인식을 왜곡시킨다. 상황을 객관적으로 판단하여 비관적인 생각을 막는 것이 우울증 치료의 목적이다. 청소년의 우울증은 대개 그 원인이 단순하므로 효과적인 치료로 좋은 결과를 볼 수 있으므로 치료에 대한 거부감이나 부정적인 생각을 하지 말고 치료를 꾸준히 받아야 한다.

자제력 발휘

청소년 자살은 한 순간을 참지 못하고 충동적으로 자살하는 경우가 많다. 그러므로 자제력을 발휘해야 한다. 자제력을 잃으면 인간은 정신적 자유를 상실하게 되고 나락으로 떨어질 수 있다. 자제력으로 충동적인 생각을 멀리하고 단호히 버텨내야 한다.

자존감 회복

심리학자들은 “자존감이 인간 행동의 중요한 기본 동기이고 정신 건강 및 적응과 밀접한 관계가 있으며, 전 생애에 걸쳐 한 사람의 정신 건강을 지배하는 주요 감정이다”라고 말한다. ‘자살은 자존심이 상했을 때 최후에 선택하는 것’이라는 말이 있다. 자살은 극도의 자존감 상실에서 저지르는 행위이다.

자존감 상실을 파악하기 위해 좌절과 절망, 실패를 있는 그대로 받아들이면서 무엇이 어디서 어떻게 잘못되었는지 돌아보아야 한다. 성찰의 시간을 갖다 보면, 자신이 어떤 부분에서 움츠려 들었는지, 또는 어떤 부분에서 즐거웠는지를 알게 된다.

내가 나 스스로와 친하게 지낼 수 있어야 한다. 잘못한 것이 있으면 용서할 수 있고, 잘하는 것이 있으면 격려할 수 있어야 자존감을 회복할 수 있다.

긍정적 사고

자살에 이르는 사람은 현재와 앞으로의 상황을 부정적으로 보기 때문이다. 그러므로 평소에 매사를 긍정적으로 바라보는 습관을 가져야 한다. 그래야 절망적인 상황에서 잘 될 것이라는 희망을 가지면서 마음의 안정을 가져올 수 있다.

긍정적 사고에서 쾌활한 행동이 나온다. 쾌활함은 바깥에서 오는 것이 아니라 자기 안의 기쁨, 긍정적 생각, 주어진 삶에 대한 감사와 만족에서 드러나는 것이다. 햇살이 꽃을 피어나게 하고 열매를 맺게 하듯이 쾌활함은 마음속에 좋은 씨를 심고 최고의 경지를 끌어낸다. 탁월함이란 쾌활함에서 길러진다.

쾌활함은 훌륭한 마음의 강장제로 쾌활함을 유지하는 한 절망하지 않으며 삶의 밝은 면을 볼 수 있다. 먹구름이 가득 낀 하늘 위에 빛나는 햇빛이 있는 것처럼 아무리 힘든 상황이 오더라도 긍정적인 사고와 쾌활한 행동을 하면 반드시 꿈을 실현할 수 있다.

감사

자살을 마음먹거나 시도하는 것은 삶에 대해 감사함이 없기 때문이다. 자신의 존재 그 자체와 현재 자신이 가진 것에 대해 감사함이 없기 때문이다. 마음의 평화를 얻으려면 감사하는 마음을 가져야 한다.

감옥과 수도원의 공통점은 세상과 고립되어 있다는 점이다. 차이가 있다면, '불평을 하느냐, 감사를 하느냐'이다. 감옥이라도 감사를 하면 수도원이 될 수 있다.

인생에는 항상 두 가지 측면이 있다. 삶에서 '즐거움을 끄집어내느냐, 고통을 끄집어내느냐' 이다. 매사는 마음먹기에 달려있다. 감사하면서 살아가면 기쁜 마음으로 삶을 즐기게 된다. 늘 감사하는 삶을 사는 사람은 행복한 사람이다. 가진 것이 많건 적건, 키가 크건 작건, 몸이 아프건 안 아프건, 감사하는 습관을 가진 사람은 웃을 수 있는 여유가 있다. 주어진 상황에 감사하는 긍정적 사고를 가져야 한다. 여러 가지로 힘들고 상황이 어렵더라도 미소를 잃지 말고 주변의 모든 것에 감사해야 한다.

희망

자살을 시도하는 것은 어떤 상황 때문이든 절망에 빠져 희망이 없다고 생각하기 때문이다. 어떤 상황에서도 희망을 발견해야 올바른 정신 건강을 유지할 수 있다. 희망이란 절망 속에서 피는 꽃이다.

로맹 롤랑 어록

> 언제까지 계속되는 불행이란 없다.

로맹 롤랑(Romain Rolland, 1866~1944)
프랑스의 소설가 · 극작가 · 수필가. 1915년 노벨 문학상을 받음.

행복과 평화만으로 인생이 계속될 수는 없다. 경제적 어려움, 불치병, 불우한 환경, 사업 실패, 안전사고, 자연재해, 전란으로 인한 폐허 등 절망의 상황에서 피어나는 꽃이 희망이다. 살면서 부딪치는 절망이라는 암벽을 담쟁이가 타고 오르듯이 희망이 절망을 정복한다.

희망은 늘 괴로운 언덕길 너머에 기다리고 있다. 희망이 없다고 생각하면 보이지 않고, 있다고 믿으면 보인다. 희망을 그리는 사람은 마침내 그 희망을 닮아간다. 희망이 이루어질 것을 믿어야 한다.

어떠한 절망도 인간의 의지보다 강할 수는 없다. 희망을 품으면 어떠한 시련과 절망도 이겨낼 수 있다. 희망을 품고 그러한 상황을 피하지 않고 굳은 의지로 헤쳐 나간다면 희망은 현실이 되어 내 삶에 우뚝 서게 될 것이다.

평정심

자살의 가장 큰 원인은 마음의 감기라고 부르는 우울증이다. 수시로 변화하는 여러 상황과 여건에 평정심을 갖는 것은 매우 중요하다.

깊은 바다는 파도가 없으며 늘 고요하고 잔잔하다. 마음의 평정도 마찬가지로 고요함을 유지하는 것이다. 평정은 무감각하거나 냉정하거나 텅 비어있는 마음 상태가 아니며 단지 입을 닫고 침묵하고 있는 상태도 아니다. 평정이란 마음이 맑고 생생한 움직임이 들어차 있으며 마음이 들뜨지 않고 태도에 여유가 있는 상태다.

마음의 평온은 자신에게 줄 수 있는 선물로 어느 누구도 대신할 수 없다. 어떤 상황에 처해 있건 자신의 삶을 사랑하는 것에서 마음의 평화는 시작된다. 마음의 평화를 다짐한다는 것은 삶에서 부딪히는 도전적인 문제들에서 한 발 물러나겠다는 의미가 아니라, 내면이 평화로운 상태를 최우선 순위에 두겠다는 것이다.

마음의 평정은 마음공부의 최고 단계다. 상황이나 조건에 따라 마음이 흔들리고 출렁이는 것이 아니라 가라앉아 있어야 한다. 자기성찰과 수련으로 마음의 평정을 유지해라.

쿠르베 〈시옹의 성〉

용서

나에게 큰 상처를 준 사람이 있거나 내가 잘못을 저질러 죄의식을 가지면 이것이 우울증을 불러와 자살에 이르기도 한다. 이의 해결 방법은 용서하는 일이다. 상대방을 용서하고 나를 용서해야 한다. 때로는 용서하는 자신을 용서하지 못하는 경우도 있으므로 무엇보다 자신을 용서하는 자세가 중요하다.

용서는 곧 사랑이다. 고결하고 아름다운 사랑의 형태이다. 용서는 갇힌 에너지를 내보내 선한 일에 쓸 수 있게 한다. 용서의 실천은 자신의 마음을 치료하는데 커다란 기여를 한다. 사랑이 없는 사람은 쉽게 용서하지 못한다. 용서는 평화와 행복을 그 보상으로 준다. 용서함으로써 행복에 다가가야 한다.

용서는 미래로 나아가는 징검다리이다. 맺힌 것을 풀고 자유로워지면 세상 문도 활짝 열린다. 용서는 과거에 얽매이지 않고 자유롭게 미래를 향해 나아갈 수 있게 한다. 맺히고 막힌 관계를 풀고 어깨동무하며 함께 가야 한다. 과거를 털어내고 새로운 미래를 향해 건너가라.

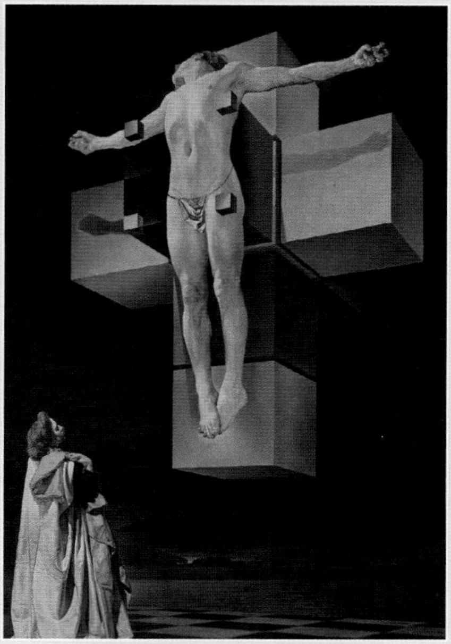

살바도르 달리 〈십자가에 못 박음〉

망각

자살을 마음먹게 하는 것은 과거에 일어난 상황에 대해 '그 때 이렇게 했더라면' 하고 후회와 자책에서 비롯되는 것이 대부분이다. 그러므로 과거에 일어난 잘못된 상황에 얽매이지 않는 것이 급선무이다.

발타자르 그라시안 어록

잊을 줄 아는 것은 기술이라기보다는 축복이다. 하지만 많은 사람들이 가장 잊어버려야 할 기억을 가장 뚜렷이 기억하며 산다. 기억은 가장 필요로 할 때 떠올리지 못하고 가장 원하지 않을 때 떠올린다. 고통스럽게 하는 일은 세세히 기억하면서도 기뻐할 만한 일은 게으르게 떠올린다.

대개 가장 빨리 잊어야 할 일을 가장 잘 기억한다. 기억은 필요로 할 때 가버리고, 필요치 않을 때에 달려온다. 기억은 고통에는 자상함을 보이며 기쁨에는 태만하다. 잘못을 시정하기 위해, 실패를 되풀이하지 않기 위해, 받은 은혜에 감사하고 보답하는 경우가 아니라면 과거를 되돌아보아서는 이득이 되지 않는다.

망각은 인생의 아름다운 지우개다. 망각이라는 지우개로 머릿속에 잊어야 할 과거의 상처와 허물을 지우면 새로운 사랑과 희망의 싹이 돋아난다. 삶이란 끊임없이 새로워져야 하므로 인생이라는 칠판을 자신이 원하는 내용으로 채워나가야 한다. 최선을 다해서 현재를 살아가야 한다. 살아 있는 현재에 바람직하게 행동하여 현재의 삶, 지금 이 순간의 삶에 충실해야 한다.

사색

자살은 마음의 문제에 기인한다. 특히 주어진 여건이 좋음에도 불구하고 인생에 회의를 느끼고 자살을 시도하기도 한다. 그러므로 '나는 누구인가, 어디서 왔나, 어디로 가나, 내가 올바로 살아가고 있나?' 하고 마음의 눈으로, 마음의 가슴으로 자신을 바라보는 사색이 필요하다. 그러면 조급함이 사라지고 삶에 대해 여유로움이 생긴다.

사색은 잠시 멈춰서 영혼의 우물을 깊이 파는 것이다. 일상과 동떨어진 피안의 세계가 아니라 실생활의 연장선에서 '마음 쓰는 법'의 훈련이다. 침묵의 예술을 배워야 한다. 고요히 주의를 기울이며 머무는 법을 배워야 한다. 침묵은 고요한 기다림을 요구한다. 침묵은 밭을 갈고 씨앗을 뿌린 후에 새싹이 돋아나기를 기다리는 농부의 기다림과 같다. 때로는 침묵에 해답이 있다.

마음이 고래고래 소리를 지르고 있을 때는 내면의 '고요하고 작은 목소리'를 들을 수 없다. 사색은 마음의 요란한 소음을 가라앉히기 위한 것이다. 시간이 흐른 뒤 소음이 깨끗이 사라졌을 때 내부에 흐르고 있던 침묵의 소리를 들을 수 있다.

명상하는 방법

1. 현재 상황에 관한 것을 택한다.

방해받지 않는 조용한 곳에서 허리를 곧게 펴고 지나치게 경직되지 않도록 편안하게 앉는다. 깊이 숨을 들이쉬고 내쉬면서 마음을 편히 가진다. 과거와 미래에 대해 생각을 하지 않도록 최선을 다하면서 지금 현재의 순간에만 초점을 맞춘다. 이와 관련된 명언이나 잠언, 우화 등 감명을 주는 것 중에서 하나를 택한다. 때로는 현재 상황에서 간절히 원하는 내용을 발원문 형식으로 생각한다.

2. 몰두해 깊이 생각한다.

숨을 쉼에 따라 숨결과 함께 느끼는 공기의 감각과 아랫배가 부풀었다가 꺼지는 것에 주의를 기울이면서 그 내용에 집중하여 몰두한다. 그 내용이 무엇을 의미하는지, 품고 있는 뜻은 무엇인지, 그것이 현재의 나에게 어떤 영향을 끼치며 내가 어떻게 나에게 이롭게 작용하도록 할 것인지를 생각한다.

3. 주제로 돌아오게 한다.

명상 도중에 하고자 하는 주제나 내용과 전혀 상관없는 생각들이 마음속에 떠오를지 모른다. 과거의 일들, 미래에 해야 할 일, 욕망, 걱정, 환상 등이 마음속으로 들어오는 것이다. 이런 생각이 떠오르면 억지로 뿌리치려고도 억누르려고도 하지 말고 숨 쉬고 있는 숨결에 다시 집중하여 쓸데없는 생각들을 멈추게 한다. 그런 다음 조용하면서도 강하게 다시 명상하고 있는 주제로 돌아오게 한다. 그리고 꼬리를 물고 일어나는 생각을 따라 움직이면서 깨달음을 얻는 것이다. 이때 떠오르는 생각들을 즉시 기록해 두어야 한다.

4. 정해놓은 시간에 마무리한다.

주제에 몰두하여 명상하는 것이 잘되지 않았다고 하더라도 정해놓은 시간에 마무리한다. 조용히 앉아서 생각과 의식을 서서히 현실로 돌아오도록 한다. 천천히 자리에서 일어나서 한두 차례 기지개를 켜고 명상으로 재충전된 상태에서 정상적인 일과로 돌아갈 준비를 한다.

♣ 청소년 자살예방에 도움을 주는 기관

- 24시간 정신건강 상담전화 : 1577-0199
- 생명의 전화 : 1588-9191
- 보건복지 콜센터 희망의 전화 : 129
- 한국자살예방협회 사이버 상담실(www.counselling.or.kr),
- 한국청소년 상담원 청소년 전화 : 1388

책 읽기

≪활인심방 活人心方≫ 중화탕中和湯

(퇴계 이황)

이 책 내용 중에는 만병의 근원은 마음에 있다고 하면서 몸과 마음을 다스리기 위해 중화탕(中和湯) 복용을 권하고 있다. 이 중화탕에 들어가는 재료는 물질적인 한약 재료가 아닌 30가지의 생활 덕목이다. 즉, 실제적인 약이 아니라 마음 수련을 통한 치료법이다.

30가지의 덕목은 사무사(思無邪, 사악한 생각을 하지 마라), 행호사(行好事, 좋은 일을 해라), 막기심(莫欺心, 마음을 속이지 마라), 행방편(行方便, 편안하게 행동하라), 수본분(守本分, 자기 본분을 지켜라), 막질투(莫嫉妬, 시기하고 질투하지 마라), 제교사(除狡詐, 교활하고 간사함을 버려라), 무성실(務誠實, 성실히 의무를 다하라), 순천도(順天道, 하늘의 이치에 따르라), 지명한(知命限, 타고난 수명의 한계를 알라), 청심(淸心, 마음을 맑고 깨끗이 해라), 과욕(寡慾, 욕심을 적게 하라), 인내(忍耐, 참고 견디어라), 유순(柔順, 부드럽고 순하게 하라), 겸화(謙和, 겸손하고 화목해라), 지족(知足, 만족할 줄 알라), 염근(廉勤, 청렴하고 근면해라), 존인(存仁, 어진 마음을 간직하라), 절검(節儉, 아끼고 검소하라), 처중(處中, 한쪽에 치우치지 마라), 계살(戒殺, 살생을 경계하라), 계노(戒怒, 성냄을 경계하라), 계폭(戒暴, 포악하지 마라), 계탐(戒貪, 탐욕을 경계하라), 신독(愼獨, 남이 보지 않는 곳에서도 신중해라), 지기(知機, 때를 잘 헤아려서 하라), 보애(保愛, 사랑을 지녀라), 염퇴(恬退, 물러나야 할 때를 알고 물러나라), 수정(守靜, 고요함을 지녀라), 음즐(陰騭, 드러나지 않게 도와라)이다.

중화탕에서 제시한 30가지의 덕목 중에서 추구해야 할 마음가짐은 21가지이며, 버리거나 경계해야 할 마음가짐이 9가지이다. 추구해야 할 마음가짐에는 정신적인 안정을 통해서 몸 안의 기(氣)가 바르게 흐르고 심신이 건강해지도록 유도하고 있으며, 버리거나 경계해야 할 마음가짐을 통해서 화(火)가 오르는 것을 배제하는데 초점이 맞춰져 있다.

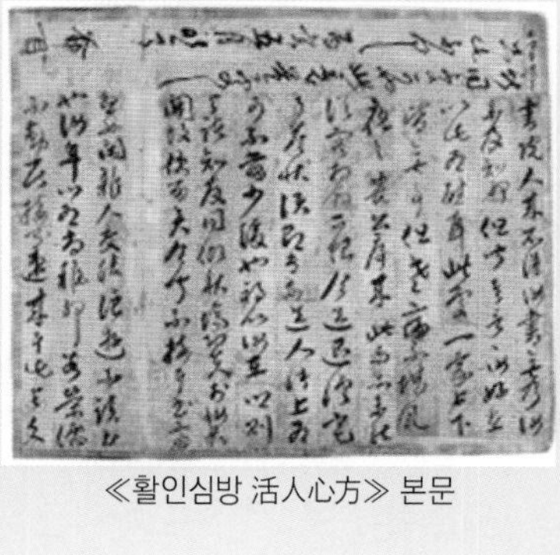
≪활인심방 活人心方≫ 본문

≪활인심방 活人心方≫(1547)은 중국 명나라 태조 주원장의 아들 주권(朱權)이 쓴 ≪활인심 活人心≫에 퇴계(退溪) 이황(李滉, 1501~1570)이 자신의 생각을 더 해 새롭게 방(方)자를 붙인 것으로 건강과 장수의 비법이 담겨있음.

지은이 _ **윤문원**

인성교육 전문가, 작가. 저서로 ≪인성교육 만세≫ ≪고등학교 인성≫①·②·③ ≪중학교 인성≫①·②·③ ≪초등학교 인성 ①②③≫ ≪초등학교 인성 ④⑤⑥≫ ≪유아 인성교육 만세≫ ≪쫄지마 중학생≫ ≪길을 묻는 청소년≫ ≪잘나가는 청춘 흔들리는 청춘≫ ≪인생에 그림이 찾아왔다≫ ≪아버지 술잔에는 눈물이 절반이다≫ ≪엄마가 미안해≫ ≪영화 속 논술≫ ≪49편의 말 많은 영화 읽기≫ ≪논술 심층 면접 골격 답안≫ 등 50여 권이 있으며, 다수의 도서가 권위 있는 기관의 추천 도서로 선정되었고, 외국에도 수출되어 번역 출간되었다.
저서의 여러 글이 중·고등학교 검정 교과서(고등학교 문학, 중학교 국어, 중학교 도덕, 중학교 기술 가정)와 교사용 지도서 15곳에 게재되어 있다.
교육부 중앙교육연수원, 교육청, 방송통신대학교 프라임칼리지, 대학교, 중·고교, 기업·단체 등에서 인성 강의를 하였으며, EBS TV '교육 대토론회'와 '학교폭력 예방' 프로그램에 패널로 출연하였다.

고등학교
인성 ❷

초판 1쇄 인쇄 | 2019년 3월 1일
초판 1쇄 발행 | 2019년 3월 5일

지은이 | 윤문원
펴낸이 | 심윤희
감수 및 교정·교열 | 김형준
디자인 | 최은숙

펴낸곳 | 씽크파워
출판등록 | 2005년 10월 21일 제397-2018-10호
주소 | 서울특별시 성북구 보국문로18길 19-7, 402호
전화 | 02-817-8046
팩스 | 02-817-8047
이메일 | mwyoon21@hanmail.net

ISBN 979-11-85161-26-6 (53190)

* 잘못된 책은 바꿔드립니다.
* 책값은 뒤표지에 있습니다.